達人が教える

介護のコツ

北海道新聞社編

［監修］武田純子（グループホーム福寿荘総合施設長）

はじめに

介護の現場を取材していると、「超能力があるのかな？」と思わせられるような介護職に出会うことがあります。認知症の高齢者の気持ちを酌んだコミュニケーション能力の高さ、介護が必要な人に失敗させてしまわないよう自然と先回りしたケア、そして介護する側も楽しんでいる――いわば「介護の達人」のような人です。

グループホーム「福寿荘」（札幌市白石区）総合施設長の武田純子さんも、そうした達人の一人です。看護師として、そして認知症グループホームの運営に、それぞれ四半世紀にわたって携わってきた日々が基礎にあります。そこに、病院勤務ではお年寄りにしてあげたくてもできなかったことや、さまざまな反省、負けじ魂といったスパイスが加わった完成形なので

しょう。

武田さんと入居者のなんとなく居心地のいい空間が、福寿荘にはあります。お年寄りへの接し方はもちろんですが、最期まで食べられるよう工夫した食事、「住み慣れたグループホームで最期まで暮らしたい」という入居者の思いに応える看取りなど、認知症でも穏やかな暮らしを続けられるヒントがたくさんあります。

武田さんの達人技を、文字や写真、イラストにして分かりやすく伝えることができないだろうか。そんな思いが出発点となって、北海道新聞くらし面で、「学ぼう　介護のコツ」として２０１９年に16回にわたって連載した記事を中心に、再編集して書籍化しました。

武田さんが長年かけて編み出した手法にマニュアルはなく、福寿荘の職員がそれぞれ伝承してきました。それに代わるものとして、家族を介護している人も、プロの介護職も、この本を活用していただければ幸いです。

目次

認知症になっても——武田純子さんの介護術

武田純子さんは、認知症の高齢者が少人数で暮らすグループホームの運営に、まだ試行段階だった1990年代半ばから携わってきた。2000年に介護保険制度がスタートした際、グループホームは認知症介護の切り札と言われた。

その年、自身でホームを設立した。定員9人の1ユニットから始めたホームは現在、定員9人が4ユニット、定員6人が1ユニットに増えた。認知症の人のためのデイサービスも運営する。「うちのグループホームは普通の暮らし。定員9人なら、それぞれ自分の部屋がある9LDKの家を作るというコンセプトなんです」

グループホームで終末期の看取りまで担い、最期まで食事を楽しめる工夫をするなど、先駆的な取り組みが評価され、日本看護協会のヘルシー・ソサエティ賞、日本認知症ケア学会の読売認知症ケア賞などを受賞してきた。1997年以降、認知症介護の先進地スウェーデンに8回も足を運び専門家の講義を受けるなど、貪欲に学びもしてきた。

講演の依頼が引きも切らない業界の有名人で、「厳しい人」とも評されるが、お年寄りと接する目線はあくまでも優しい。「年を取ってもね、車椅子より自分で歩きたい、流動食よりおいしいものを食べたい、オムツよりトイレに行きたいんですよ」。こうしたお年寄りの思いを実現させるための努力や工夫を、自分にも、ほかの介護のプロにも求めているだけなのだ。

福寿荘では、若年認知症の人もいち早く受け入れ、幻視や薬剤過敏症に悩まされるレビー小体型認知症の当事者や家族を支えるためサポートネットワークもつくった。あくまでも「入居者本人の気持ちで考える」という明確な方針があるからだ。

そして、72歳になった今も現場に立ち続ける。その理由は、「認知症になっても、安心できる環境と支援態勢があれば穏やかに暮らすことができることを知ったものの責任」と明快だ。ただし責任感だけではなく、「ホントに楽しいからできること」とも言う。

手術室の激務もこなす看護師だったが、認知症とのかかわりが人生を変えた。ブレない人でも嫌な思いを抱えることはあり、愛車でドライブして気分転換する。「高速で千歳に行ってアウトレットをぶらつくの」。同じ志を持った仲間と行く旅が好き。イケメン好きで乙女な一面も持ち合わせている。

*

本書のプロローグとして、武田さんはどのような思いで認知症の人と向き合っているのかを武田さんの言葉で紹介する。

●尊厳あるケア

認知症と診断された母は「認知症の母」なのでしょうか。私にとって母は、認知症になっても、老いて歩けなくなっても、変わらず「私の母」です。

自分の母親を思い浮かべるとき、私たちには元気で働き者だったころの記憶があるので、「うちの母はこんな人」というのは容易にイメージできますが、入居されている利用者の場合、私たちは、認知症と診断され生活に支障が出るようになってからのその人しか知りません。そこで私たちは入居時に、子供時代のことや家族構成、社会に出てからの活躍ぶりなどをご家族から詳しく聞きます。そうした情報がなければ、その人にふさわしい尊厳あるケアにはたどり着けないのです。

●分かること、分からないこと

認知症になると、記憶があいまいになり、分からなくなることがたくさんあります。でも、だからといって何もかもが分からなくなるわけではありません。「いま分からなくてもあとで思い出せばいい」「大事なことは家族が知っているから、必要なら聞けばいい」という気持ちで、日々を気楽に送っていただきたいものです。

気分のいい時、うれしい時などは、ゆっくり穏やかに話せば普通に会話が成立することがよくあります。一方、疲れていたり、周りがにぎやかだと、混乱して話がかみ合わなくなることがあります。そんなときは静かな場所で一息入れましょう。

●できること、できないこと

「昨日できなかったからこの人はもうできない」と決めつけるのではなく、「昨日はできなかったけれど、今日はできるかもしれない」「できなかったのはなぜなのか、どんな支援をすればできるようになるのか」を考えます。

施設によっては、認知機能の低下を防ぐために、リハビリと称して、利用者の意向も聞かずにプログラムをつくって実践しているところもありますが、無理強いは禁物です。分からないことやできないことがあっても、自然なことと受け止め、ゆっくり楽しく、穏やかに生きていくことを目指しています。

●気持ちを交わす

言葉がうまく出ないからといって、相手の言葉が理解できていないとは限りません。話せなくても、プライドは最後まで残っています。

認知症の人とかかわるとき、私たちの感情は、合わせ鏡のように利用者に伝わります。丁寧で正しい言葉づかいは相手に良い印象を与え、人間関係を円滑にします。「です・ます」調で、返事は「はい」と心がけたいものです。

あいさつは人とかかわる上でとても大切なものです。適切な距離で、目線を合わせて「○○さん、おはようございます」と笑顔で言われると、どんな人も気持ちよく言葉を返せます。

また抽象的な言葉づかいは理解が難しくなります。より具体的で平易な言葉を選び、ゆっくり話しましょう。

●思いを知る

介護者の手を借りるようになったからといって、その人の意思がなくなったわけではありません。自分ではできなくても、「今はじっとしていたい」「少し風に当たりたい」「水が飲みたい」など、基本的な欲求は私たちと同じです。ただ、表現がうまくできないので、じっと我慢しているのだと考えるべきでしょう。我慢が限界を超えたときに、大声で怒鳴るなどの行為が生まれます。

日常生活の細かな点まで利用者の意向を確認しながら支援を行う必要があります。その人の好みなどは記録に残して、周囲の人で共有するよう心がけましょう。

●そっと見守る

身の回りのことがうまくできない高齢者を見ると、つい手を出して、できることまで介助してしまうことがあります。自分でやろうとしているときにあれこれ言われると、やろうという気持ちまで失せてしまいます。危険がないかどうかに気を配り、そっと見守りましょう。

●静かな環境で

あるグループホームを訪ねたとき、無人の居間で大きなテレビがついていました。隅のほうにももう1台、小さなテレビ。環境が騒がしいと、人は疲れて頭が混乱します。静かな部屋で、穏やかに過ごしたいものです。

第１部

介助編

終末期を見据えて

本人が望む医療やケアを家族で共有

現在の医学では認知症は治りません。進行を遅くする薬を処方するところまでしかできません。ということは、認知症が進んだ先には死というものがあるのです。ですから、認知症の高齢者が暮らすグループホームにとって、人生の最期をどのように迎えたいと考えているのか、本人や家族の意向をしっかり把握するのは当たり前のことです。

そこでまず入居相談の際、福寿荘では「ここは看取りもしているので、最期まで住める終《つい》のすみかになります」と伝えます。というのは、看取りをしていない施設が少なからずあるからです。

家族にとって、施設に入居を決める段階で知っておく必要があるのが、そこは看取りまで対応しているのかどうかということです。対応していない施設では、重度になると、医療機関や他の施設に移ることを念頭に置いておかなければならないからです。

それも、どの段階で移らなければならないのか。終末期だけなのか、介護度が重くなったらなのか、ということもあります。知らないままで入居すると、後から困ることになるので、必ず確認しましょう。

これまで多くの入居者や家族に接してきましたが、入居相談の段階で、終末期のことまで考えている人はまずいませんでした。ただ最近は「延命治療はしないでほしい」「ここで看取りまでお願いしたい」と言う家族も現れています。施設で看取りに取り組んでいることが、少しずつ認識されているのかなと思います。

厚生労働省は2018年、人生の最終段階で望む医療やケアについて前もって考え、家族や医療者と一緒に繰り返し話し合って共有する「アドバンス・ケア・プランニング」の愛称を「人生会議」と名付けた。元気なうちから終末期について想定しておくことを大切に考える方向になっている。命の危険が迫った状態になると、７割の方が、医療やケアを自分で決めたり、望みを人に伝えたりすることができなくなるという背景がある。自分自身で前もって考え、周囲の信頼する人たちと話し合い、共有する重要性が浸透していくことになりそうだ。

　福寿荘では、本人や家族が後悔しないようにすることをもっとも大切に考えています。だから、納得が得られるよう何回も何回も話し合います。

　グループホームで過ごす日常生活の中で、最期を迎えたい場所や延命治療など、死にまつわる話を入居者がした際の様子は職員がちゃんと記録し、内容は家族にも見てもらいます。訪問診療の日時も伝え、家族が医師の話を聞きたいときには、時間の調整もします。

　いよいよ食事が取れなくなってきたら、医療、家族、私たちグループホームの３者で話し合いの場を持ちます。本当に最期までここでいいのかを確認するためです。

　これから先、どのような経過をたどっていくのか、そして今なら何ができるのかを伝えます。例えば家族で温泉旅行とか、お墓参りとか……。一方で、家族が何を望み、私たちにどのようにしてほしいのかを聞きます。

　そうした話し合いの場で、「母親のそばにいてあげたい」と希望した会社員の息子さんに、「一緒にいたかったら泊まってもいいんですよ」と伝えると、「金曜日なら泊まれる」と、亡くなるまで３カ月近く毎週泊まっていただいたこともありました。

　「延命はいらない」と決めていても、気持ちが変わることも珍しくありません。延命措置を希望する方には病院を紹介します。でも、福寿荘ではこれまでそういう方は、ほとんどいませんでした。延命措置によって本人がかえって苦しむ場合があることを理解し、得心がいけば、家族も安心できます。

　家族には最愛の人を失う不安があります。「これでいいのか」「他に方法はないのか」という動揺もあります。残された家族は、その人の最期を背負って生きることになります。だから、その人の人生を一緒に振り返ります。その人が家族をどんなに大切に考えていたかを伝えます。家族として心残りなことがないのかも、ゆっくり話します。

POINT

終末期を迎えた際の話し合い

現状と今後

グループホーム管理者

- 食事が取れなくなってきた経過を説明する

訪問診療に当たる医師

- 認知症の進行によるもので、今後たどるであろう経過について説明する。「飲み込むことができなくなり、食べられなくなる」「それでも空腹感はなく、ぼんやりとしたまどろみの時間になる」「一滴も水分がとれなくなってから亡くなるまでは、おおむね5～10日間」など。良くなることはないので、最期をどのように考えているか家族に聞く

グループホーム代表者

- 最期まで支援して生活できるようにしているが、医療行為はしていないことを説明する
- グループホームで看取った人の例を話したり、本人が日常生活の中で終末期や死についてどんな話をしていたかを伝えたりする
- 家族全員の同意を得てほしいことを話すと同時に、納得がいかない人がいたら話し合いの機会をあらためて作ってもいいし、病院で延命治療を希望するなら早めに移った方がいいことも伝える

今ならできること

- 心残りのないよう、温泉旅行や墓参りなどまだ可能なことを伝える
- 「グループホームに泊まることが可能か?」など家族の希望も聞き、かなえてあげられる工夫をする

看取り

穏やかな最期のために

「みんなでお見送りしましょう」――。福寿荘で看取った入居者が自宅や葬儀場へ向かうとき、職員や入居者が最期の時を共有するため、一緒に見送ります。

「なんで亡くなったの？」と聞かれ、「年をとったからだよ」と答えたこともあります。亡くなるという事実を受け入れたくない方もいますし、見送りを無理強いはしません。ただ、見送りを経験することで、「死」を考えるきっかけにもなります。

「どうしてこんな重度の人と一緒にいなければならないの」と不満を漏らしていた要介護３の女性が「人の命って分からないものだよね。今をしっかり生きなきゃ」と、つぶやいたこともありました。

福寿荘を開設した２０００年に87歳で入居した女性が１０２歳で亡くなったのが２０１５年でした。人生の最後の15年間をここで暮らしたわけです。長く一緒にいると、私にとって入居者は家族同然、入居者にとっても福寿荘が自宅と同じです。

住み慣れた場所で最期を迎えたいのなら、その思いに沿うのは当然のことだと考え、看取りに取り組んできました。

死に対する考え方は、京都市内で１９９６年から四半世紀にわたって「自分の死を考える集い」を主宰してきた医師の中村仁一さんが説く「自然死のすすめ」に説得力があります。本も出版されているので、関心のある方はぜひ読んでいただきたい。私も一番共感している考え方なので、その一部を紹介します。

食べないから死ぬのではなく、「死が近い」から食べられない。枯れて死ぬのが一番、自然で穏やか。そうした自然死は餓死だが、空腹なのに食べ物がない、喉が渇いているのに飲み物がない、砂漠をさまよっているような状況とは違い、腹も減らない喉も渇かないのです。

脳内にモルヒネ様の物質が分泌されていい気持ちになり、意識レベルが下がってぼんやりとした状態になります。そんなまどろみの中で、心地よくこの世からあの世へ移行するのです。お年寄りの老衰死には、このような特権があります。

た。

訪問診療医にも相談、晴れて夫婦で入居となり、好物を用意すると食べるようになりました。胃ろうや点滴のチューブを抜くこともできました。夫婦で向き合って食事をしている姿は、ごく普通の家庭の老夫婦のようでした。大好きなお寿司屋さんやラーメン屋さんにも行きました。食べるということの大切さが、よく分かりました。

そんな日々が1年ほど続きましたが、父親の容体は徐々に悪化、ある日、声をかけると目で何かを訴えています。「つらいですか？　家族に連絡しますか?」と聞くと、しっかりうなずきました。それから30分のうちに家族がそろい、娘さんたちから「大好きだよ」と声をかけられながら、静かに永遠の眠りに就きました。奥さんも3年後、穏やかに亡くなりました。

入居者を看取ると、福寿荘では最後の見送りをする

福寿荘ではこんな看取りがありました

エピソード１
10年暮らした96歳の女性

最後まで食事介助を拒否し、自力で食べられる分だけ食べていました。起きられなくなって1週間で眠るように亡くなりました。実はその2年前にも食べられなくなった際、息子さんが来たら回復したことがありました。家族の力はすごいものだとあらためて感じました。

エピソード２
徘徊繰り返した73歳の男性

他のグループホームを退去させられたのですが、身寄りがないため役所からの依頼で入居。やはり徘徊を繰り返したものの、３年半後、末期の食道がんの診断を受けると、「もうこれでいいだろう」と言い、訪問診療で緩和ケアを受けて半年後、73歳の生涯を穏やかに終えました。

エピソード３
誕生会の思い出を胸に亡くなった１０２歳の女性

7年間暮らしてきた福寿荘で、１０２歳の誕生日を祝おうと本州からも息子さんたちが駆けつけた楽しい時間の後、意識を消失し10日後に亡くなりました。「１０２歳おめでとう」とみんなで祝った思い出と共に。

エピソード４
再び一緒に暮らして旅立った夫婦

「1週間で死んでもいいから、両親を一緒に暮らさせてほしい」と福寿荘を訪ねてきた姉妹がいました。父親（81）は前立腺がんの末期で入院中。胃から直接、栄養を補給する「胃ろう」をしていました。軽い認知症があり、妻に会いに行こうとするので、ベッドに体を縛られ、「ここから出してほしい」と哀願していました。母親（79）も、がんと認知症で、中心静脈から点滴で栄養を補給していました。口から食べられなければ1週間で亡くなるかもしれないことも覚悟の上での相談でし

怒鳴る理由は？

思いを上手に表現できず不安に

認知症の人は怒ったり、怒鳴ったりしやすいのは確かです。どうしてそうなるのか。自分の思いを上手に表現できなくなるからなんです。

立て続けにものを言われると、理解できなくて腹が立ったり、「うるさい」と怒りたくなったりします。自信もなくなるし、不安もあるし、どうしていいのか分からない状況がいっぱいあります。

認知症の人の機嫌が悪くなってきたら、私は「怒ってます？」と聞きます。「うん」と言われたら、話し方が悪かったかなと反省し、「ごめんなさい」と伝えます。「他に何か気分を悪くするようなことありましたか？」と聞き、「じゃあ、こうしましょうか」と提案できるといいのです。

その人が人生で一番、輝いていたころの生活の様子を知っておくことも大切です。福寿荘では、入居時に生活史や趣味、性格などを細かく家族から聞き取り、しっかり把握します。また、認知症の疾患名によっても対応が変わります。

認知症には割合が大きい順に「アルツハイマー型」（50％）、「レビー小体型」（20％）、「血管性」（15％）があり、これらを三大認知症と呼ぶ。ピック病とも呼ばれる「前頭側頭葉型」を加えて、四大認知症ということもある。

特にアルツハイマー型とレビー小体型の違いをしっかり認識して介護していきたいものです。

認知症に対するイメージといえば、一般にもの忘れや徘徊《はいかい》を考えるでしょう。これはアルツハイマー型に多い症状です。

しかしレビー小体型は、初期に記憶障害が少なかったり認知機能の変動があったりする一方、幻視や幻聴で不安が高まります。

アルツハイマー型と診断されて入居した人の生活を24時間見ていたら、レム睡眠行動障害で夜中に大声を上げる症状や幻視などがあり、「レビーじゃないかな」となることも珍しくありません。

記憶障害のないレビー小体型の人に、その場しのぎのかかわり方をすると、「こんな人に言ってもだめだ」と見くびられます。変なものが見えたり、妄想で勘違いしたりすることもあるため、本人の言っていることをしっかり聞き、落ち着いている状態の時に修正してあげる必要があります。

レビー小体型だと分かって介護すると、本人の困っていることを理解しながら生活支援ができるので、穏やかな日々が送れるようになります。

レビー小体型認知症は、日本人医師の小阪憲司氏が、アルツハイマー型とは違うと思われる人がいることから研究を重ね、１９７６年に発見した。似た症状もあるアルツハイマー型や原因物質が同じパーキンソン病、心の病などと間違われ、正しい診断がされないケースも多いと言われている。

血管性は脳梗塞や脳卒中などの損傷部位によって、失われる機能が違ってきます。だから「血管性認知症」とひとくくりに考えてしまわず、医師から「どの場所がどう傷んだから、どういうことができなくなる」という説明を受けるようにしましょう。

また、前頭側頭葉型は自己中心的になり、反社会的な行動も伴って周囲と一緒の行動ができないので、個別ケアが必要になります。

食べたいものがあったりほしいものがあったりしたら手に取ってしまうし、言葉も少なく悪いとも思わないので、一概に在宅がいいとも、施設でなければ無理だとも言えません。

本人の意向を踏まえ、どこでどのように暮らしたいかを確認しながら、ケアマネジャーを中心に対応をよく考えていきましょう。

が続出した。

VRを監修した講師の堀江さんは、レビー小体型認知症の当事者のインタビュー映像を通じて訴えた。「そんなのいるわけないだろうと言われたり、病院に連れて行かれたり、ストレスで悪化することもあります。遠視や乱視と同じように、幻視もあると考え、一緒に楽しんで笑ってください」

同社の開発したVRの認知症体験は、2017年2月から全国各地で実施中で、参加者は2年半で5万人を超えている。

「風邪をひいて38度の熱があって……」と聞くと、誰もが自分の体験を思い起こして共感できる。しかし認知症の高齢者が「触らないで」と口にしても、自分自身が認知症の体験がないから、理解に努めても本質的には共感するのが難しい。そうしたギャップをVR体験で埋めようという考えで制作したという。

あらためて実感

参加した恵庭市在宅医療・介護連携支援センターの相談員で看護師、主任ケアマネジャーでもある甲斐昌恵さんは「認知症のことを勉強してきたつもりでしたが、VR体験によって、その人の気持ちに寄り添う大切さをあらためて実感しました」と話した。

確かにレビー小体型認知症の「幻視」は取材を通じて知ってはいたが、食べ物が虫だらけになっていたり、テーブルにヘビがいたりするVRには驚かされた。当事者だって驚くし怖いし、たまらない気持ちになることが理解できた。

誰もがなりうる認知症だけに、偏見なくみんなで支え合い、認知症になっても大丈夫な社会にするために理解を深める手段として、VRはとても分かりやすい体験だった。

レビー小体型認知症の幻視

（VRの映像を参考にイラスト化しました）

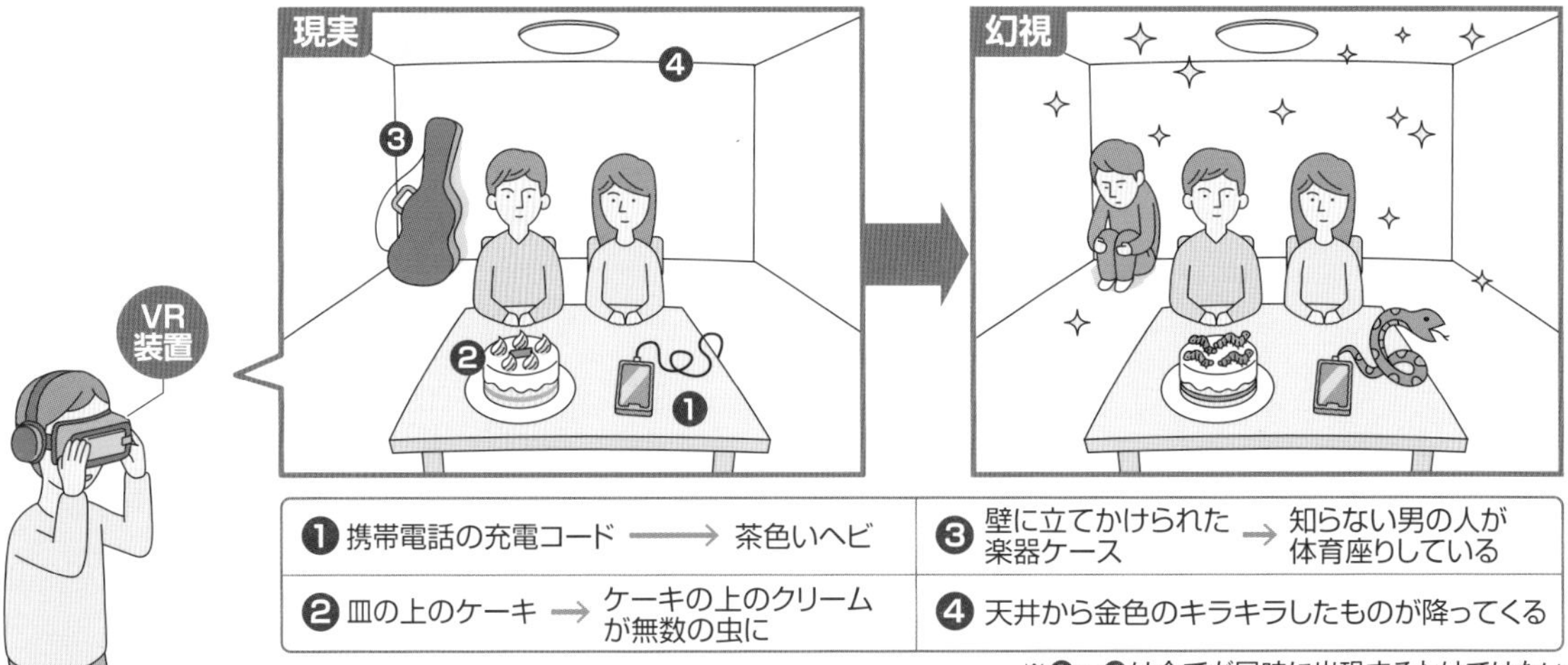

❶ 携帯電話の充電コード → 茶色いヘビ	❸ 壁に立てかけられた楽器ケース → 知らない男の人が体育座りしている
❷ 皿の上のケーキ → ケーキの上のクリームが無数の虫に	❹ 天井から金色のキラキラしたものが降ってくる

※❶～❹は全てが同時に出現するわけではない

認知症を仮想現実で体験

当事者を理解する手段に

認知症をバーチャルリアリティー（VR、仮想現実）で体験し、当事者に共感できるようにしよう——。道が市町村の担当者ら向けに2019年11月、札幌市内で開いた体験研修会に取材で参加した。「自分自身が認知症の当事者ではないから、分からない。想像がつかない」ことを、VR体験で共感できるようになるという目的を実感した。

ビルから落ちそう

VR用のゴーグルとヘッドホンを着け、最初のプログラムをスタートさせると、いきなり自分がビルの屋上の端に立っていた。「大丈夫ですよ」の声がする左を向こうとすると足元も見え、落ちそうで思わず体がすくんだ。

これは、「視空間の失認」という認知症の中核症状を想定したVR。デイサービスの送迎でワゴン車から降りようとしたら、車の影で黒くなっている部分の立体感が分からなくなった認知症の高齢者が、「ビルの上から突き落とされそうになったの」と振り返った実話に基づいて制作した。

実際のところ、その高齢者は「やめて。怖い」と嫌がって車を降りなかったといい、VRで体験した私でさえ、横から「大丈夫ですよ」と声をかけられても、大丈夫な気持ちには全くなれなかった。

ギャップを埋める

開発したシルバーウッド（千葉県浦安市）VR事業部所属で、講師を務めた堀江加代子さんは「この状況で手をつかもうとしたら怖くて怒ったり、手をたたいたりするかもしれません。認知症の症状を理解しない人が見ると、単に『認知症だから怒ってる』と思ってしまいかねません」と説いた。

研修会には約100人が参加。3回に分けて1時間半ずつVRを体験し、4人一組のテーブルごとに意見交換した。

会場からは「視界に入ってあげることで安心感が生まれるはず」「声をかけるなら『大丈夫』ではなく、『どうしましたか』の方がいい」などの意見が出た。

レビー小体型認知症に特有の「幻視」をVR体験するプログラムでは、ケーキの上を虫がはい、携帯電話の充電器のコードがいつの間にかヘビになってテーブル上をうごめいた。会場のあちこちで、思わず「うわっ」などと声を上げる参加者

POINT

レビー小体型認知症とは

認知機能障害

- 初期から中期の記憶障害は軽度で認知症に見えない
- 手順通りに行えない
- 複数のことに注意を向けられない
- 物の使い方が分からない

認知機能の変動

- 「しっかりしているとき」と「ぼーっとしているとき」があり、繰り返す

レム睡眠行動障害

- 眠っている間に大声で叫んだり、怒鳴ったり、奇声を上げたり、暴れたりする

幻　聴

- 実際には聞こえないものが聞こえる

妄　想

- 非常に強い誤った思い込み
- 正しく判断できないために起こり訂正不可能

薬剤過敏症

- 副作用が生じやすく、薬が効きすぎる

幻　視

- 存在しないものが見える
- 小動物や人が多く動きを伴う

パーキンソン症状

- 動きが遅い、すり足や小刻み歩行、表情が乏しい、前かがみになる、転倒しやすい

抑うつ症状

- 気分が沈み、悲しくなり、意欲が低下する
- 4～5割に見られる

自律神経症状

- 失神、起立性低血圧、めまい、息苦しさ、動悸《どうき》、胸痛、頑固な便秘、倦怠《けんたい》感、多汗、尿失禁

※進行性の認知機能低下により生活に支障をきたしている人で**「認知機能の変動」「幻視」「パーキンソン症状」「レム睡眠行動障害」**のうち2項目以上、当てはまればほぼ確実にレビー小体型認知症だと診断される
（レビー小体型認知症の臨床診断基準）

＊レビー小体型とアルツハイマー型の違い

	レビー小体型	アルツハイマー型
初期症状	幻視、うつ症状、便秘	もの忘れ
経過	環境の変化などを契機に急激に進行することがある	いつとはなしに発症し、進行は緩やか
妄想	「嫉妬妄想」など幻視に基づく	「もの盗《と》られ妄想」など記憶障害に基づく
レム睡眠行動障害	多い	なし
認知機能の変動	あり	なし
パーキンソン症状	多い	まれ
徘徊《はいかい》	少ない	多い

（武田さんの資料を基に作成）

認知症介護に関する相談は、「北海道認知症の人を支える家族の会」が相談に当たる「北海道認知症コールセンター」（平日午前10時～午後３時、☎011・204・6006）へ。

また、「家族が」「自分が」レビー小体型認知症で悩んでいる方向けには、武田純子さんが代表を務めるレビー小体型認知症サポートネットワーク北海道（札幌）が定期的に家族や当事者の交流会を開いている。問い合わせは平日の午前10時～午後３時に、事務局のライフアート☎011・879・5611へ。

徘徊

どんな気持ちなのか把握が必要

認知症介護で直面する問題に「徘徊」があります。ちょっと目を離した隙にいなくなってしまうことが繰り返され、介護する家族が疲弊する現実があります。

本人にとっては、出かける理由も目的もある行動ですから止めるのは難しいものです。ただ、不安な気持ちだったり、寂しくなったりすると徘徊することもあります。だから、どこに行きたいのか、どんな気持ちなのか把握することが大切です。

典型的なのが「家に帰りたい」と言うケースです。出かけてしまう前に、「どこの家に帰るの?」と聞きます。「紋別の」と答えが返ってきたことがありました。「誰が待ってるの」と聞くと、「父さんと母さん」と言いました。今はない、子供のころの家なんですね。

「もういないでしょ」と否定してはいけません。懐かしい思い出に話を合わせ、「お父さん、おまわりさんだったよね。お母さんも優しいから心配してるね」などとやりとりするうちに、本人もわれに返ることがあります。その穏やかさを持続するよう努めます。

認知症が原因で警察に届け出があった国内の行方不明者は、2018年の1年間で約1万7千人で、統計を取り始めた2012年の1・7倍となり、6年連続の増加。「徘徊」は大きな社会問題となっている。所在確認までの期間は届け出から1週間以内が99%で、71%は届け出当日だった。18年中に約500人の死亡が確認されている。行方不明から5日過ぎると生存率が0%という調査結果もある。

福寿荘を始めたばかりの頃でした。要介護2の男性(69)が「学校に行く」と言っては外に出ます。職員が付き添うと、歩いて気が済めばホームに戻ってくれました。でも、対応を誤って行方不明になったことがありました。

　６月の朝、まだ職員は夜勤者１人だけの時間帯でした。夜勤者は６時15分に本人を確認しました。６時半にいないことに気付き、最初は仲のいい職員に電話で相談。６時50分になって私のところに連絡が来ました。

　警察にも届け、職員総出で担当地域を決めて探しましたが、遅すぎました。夜中も探し続けましたが見つからず、結局、翌日の昼すぎ、道路を歩いているところを保護しました。

　これを教訓に対応マニュアルを作りました。対応が早いほど、探す範囲も狭まり、見つかりやすくなります。

　在宅介護でも、世間体を考えて遅くなってしまうことがあるかと思いますが、気付いたらすぐに届け出て、探し出すことを第一に考えなければいけません。

　帰宅願望などの「不穏型」のほか、「成り行き型」と呼んでいるケースもあります。夕食を食べ終わり、食器を流しに持って行こうとした入居者が、たまたま開いていたドアに関心が向き、階段を下りて玄関から出てしまいました。見つけたときは、箸と丼を持ったまま歩いていました。

　成り行き型は、ドアを開けっ放しにしない、玄関に簡単に履けるサンダルを置かないなど、ちょっとした気遣いで防げます。

　奥さんが亡くなったことも分からない男性がしきりに「帰りたい」と言ってきたときは、車で１時間近くかかる自宅に一緒に行くと、落ち着いたことがありました。でも、すぐに忘れるので、一緒に行った写真を見せ、記憶が固定されるようにしました。

　どんなに気をつけていても防げないことはあります。本人の行動パターンや行きたい場所などを日頃から知っておくことが大切です。広い道路は渡らない、信号は嫌がるなど、特徴を把握していれば捜索の順番も決めやすいですから。

POINT

行方不明に備えて準備しておくべきこと
（福寿荘の対応マニュアルから）

本人の行動の傾向を把握する

- 行きたい場所はあるか
- 寂しい方向に行くか避けるか
- 坂道や階段は上る方か避ける方か
- タクシーやバスも使うか
- 店に立ち寄るか歩き続けるか
- 広い道路や線路、橋を渡るかどうか
- 標識を読むか
- どのくらい歩くと休みたくなるか

捜索の準備

- 顔写真をカラーコピーしておく
（新聞販売店などの協力者にも渡す）
- 発見時のために水や糖分補給のためのアメを持つ

発見後の対応

- 本人を安心させる
- 安心する言葉がけ。例えば「会いたくて探してた」
「家でごはん食べよう」

手首をつかまない

「3秒ルール」で待つ大切さ

認知症の高齢者に声をかけるときは、視界に入る場所、それも近い距離から、分かるよう説明し、反応を待ちます。

頭に情報が入ってから、「そうかな。それだったら、しようかな」と考える時間が必要なのです。よく、「3秒ルール」と呼ぶ人もいます。声をかけた後、お年寄りの動き出しを3秒は待つようにしたいものです。

「待つ」ことができないのは、在宅介護に限らず、介護の専門職でもやってしまいがちなミスなのだという。①「向きを変えますね〜」と話しかけながら同時に動かす②「ねえ、行こうよ」と手首をつかんで引っ張ってしまう――などは介護現場でよくある例とされる。

手首に内出血をしているのは、たいてい無意識にそうした介護をしているからです。お年寄りは血管がもろいし、出血傾向が強いので、軽くつかんでもそうなってしまいます。手首の内出血の有無は、介護者がいい接し方をしているかを計るバロメーターになります。

福寿荘でも「手首をつかまない介護」を指導してきたのですが、現場ではなかなか徹底できず悩ましかった時期がありました。

日々の介護や職場の研修で教えてもうまくいかなかったとき、フランスで開発された「ユマニチュード」（40ページ参照）という介護方法のDVDを職員に見せたのを契機に、手首の内出血がなくなりました。

正直言うと、「ユマニチュードなんて、当たり前のことばかり」と思っていましたが、映像による解説に職員が感化されたのには衝撃を受けました。ユマニチュードでもなんでも、入居しているお年寄りにとって良いことは取り入れなければなりません。

POINT

「３秒ルール」で待つ

良い例

◎お年寄りの視界に入る場所、それも近い距離から分かるよう話しかけ、3秒は反応を待つ

◎お年寄りが歩き出すときには、少し前方の横から話しかけながら、肘や手を広く支えて導く

悪い例

✕お年寄りの視界は狭いので、距離をとって上から話しかけても、どこから誰に言われているのか理解できない

✕手首をつかんで引っ張るのは介護する側の都合で、お年寄りを無理に動かそうとしている証拠。お年寄りが理解していないことを無理にすると、拒否反応となり、引っかかれたり、たたかれたりすることにつながる

転倒を防ぐ

後ろから声をかけないで

高齢者が転んで大腿《だいたい》骨を骨折し、手術して治ったけど寝たきりになった——というような話を聞いたことがありませんか？

大事なのはまず予防です。動けるうちは動く、歩けるうちは歩くという「生活リハビリ」で運動機能の低下を防ぎます。後ろから声をかけると、振り向く際にバランスを崩して転ぶこともあるので、声をかけるときは正面からにしましょう。

生活環境も整えます。床にはものを置かないようにし、水でぬらさないようにします。適切な手すり、明るい照明はもちろん、段差も解消したいですね。

服装は足元に衣類がからまないようなものに。足裏感覚の刺激を忘れないでもらうために、室内でスリッパや靴は履かず、靴下で歩いてもらいます。

入院期間はなるべく短くして、認知機能の低下を防ぎます。普通は1カ月くらいリハビリして退院ですが、「3日で退院してきていいよ」と言っています。家族と病院が了承してくれたら、福寿荘で過ごす日常生活がリハビリになって、しっかり歩けるようになります。

要介護4の女性（86）が大腿骨を骨折した際、看護師の長女は入院先の病院で身体拘束の同意書にサインを求められ、「このままでは寝たきりになる」と思った。医師の許可を受け、術後3日で福寿荘に戻り、歩けるまで回復した。長女は医療者の視点から、「術後の体の状況、病院や介護施設の体制などを総合的に判断した結果で、誰にでも当てはまるものではない」とアドバイスする。

転んで骨折するお年寄りの9割はレビー小体型認知症で、レビーの転倒はアルツハイマー型の10倍と言われます。だから、認知症の種類によっても配慮の仕方が変わります。

POINT

転倒につながる やってはいけないこと

本人にかけた声ではなくても、大きな声は出さないようにする

（びっくりして「なんだろう」と思って姿勢を変えることが転倒の危険を招く）

「危ないからやめて!!」と叫ぶなど、行動を止めるような否定的な声かけも体をこわばらせてしまうのでしない

後ろから声をかけない
（振り向きざまに転ぶことがある）

室内でスリッパや靴は履かないようにする。足裏感覚を忘れないよう、靴下で歩いてもらう

床はすっきり。不用意に物を置かない

トイレ介助①

便秘3日でレッドカード

亡き母がまだ自宅で1人暮らしをしていた頃、「便秘がひどくて一日中、トイレにいた」と聞いて驚いたことがあります。便秘は苦しいものです。母もそうでしたが、レビー小体型認知症の人は便秘になりやすいとも言われています。

繊維質をとったり、水分を十分にとったりすることで、入居者が便秘にならないよう気をつけていますが、苦しくなる前に薬を使います。

福寿荘で便秘の合言葉は「2日でイエローカード」「3日でレッドカード」。便通がないまま2日目なら水分やヨーグルトの摂取を促し、3日目を迎えたら、座薬か下剤を使う。

排せつができているかどうかの確認は難しいものです。排せつは恥じらいの伴う行為です。トイレで座っているところを他人に見られているのは、誰だって嫌でしょう。

ただ、自力歩行ができなくなったお年寄りはトイレで見守りが必要です。便座に腰かけたら、タオルをかけて隠し、視界に入らない場所で待ったり、トイレの外に出て「ここにいるからね」とドアを閉めたり……。尊厳に配慮しつつ相手の状況に合わせます。

食事や外出の前後、入浴前などにトイレの前を通って誘うのもいい。便が出そうなときはガスが出るので、おならの臭いで「今日だな」と気付けます。そしてトイレの外で音を聞いたり、トイレを出た後で臭いを確認したりもします。

トイレ自体も、モノをあれこれ置かないでシンプルにします。ごちゃごちゃしていると、レビー小体型認知症の人だと幻視や幻聴につながるので、スッキリ明るいトイレにしています。

郵便はがき

料金受取人払郵便

札幌中央局
承認

6262

差出有効期間
2022年12月31
日まで
(切手不要)

0 6 0 - 8 7 5 1

672

(受取人)

札幌市中央区大通西3丁目6

北海道新聞社 出版センター

愛読者係
行

お名前	フリガナ		
ご住所	〒□□□-□□□□ 都道府県		
電話番号	市外局番(　　　　) −	年齢	職業
Eメールアドレス			
読書傾向	①山　②歴史・文化　③社会・教養　④政治・経済 ⑤科学　⑥芸術　⑦建築　⑧紀行　⑨スポーツ　⑩料理 ⑪健康　⑫アウトドア　⑬その他(　　　　)		

★ご記入いただいた個人情報は、愛読者管理にのみ利用いたします。

愛読者カード　　達人が教える介護のコツ

本書をお買い上げくださいましてありがとうございました。内容、デザインなどについてのご感想、ご意見をホームページ「北海道新聞社の本」http://shopping.hokkaido-np.co.jp/book/の本書のレビュー欄にお書き込みください。

このカードをご利用の場合は、下の欄にご記入のうえ、お送りください。今後の編集資料として活用させていただきます。

＜本書ならびに当社刊行物へのご意見やご希望など＞

■ご感想などを新聞やホームページなどに匿名で掲載させていただいてもよろしいですか。（はい　いいえ）

■この本のおすすめレベルに丸をつけてください。

高（　5・4・3・2・1　）低

〈お買い上げの書店名〉

都道府県　　市区町村　　書店

POINT

トイレ介助のやり方
（認知症が進んだ人の場合）

介助する人は視界に入らない場所に立つと同時に肩などに手を添えて安心させる。「トイレに来たから、おしっこしていいよ」などと声をかけ、トイレだから排せつしていいんだと分かるようかかわりを持つ

トイレの中は明るくシンプルに。トイレ用品は介護を受ける人の視界に入る場所には置かない

手すりにつかまって立ってもらっているところで、「ズボンを下げていいですか」と必ず声をかけて返事を待ってから便座に誘導。股間が見えないようタオルをかけるのもデリカシーに配慮した一つのやり方

なかなか出なくても10分くらいは待っていてあげたい。後から失禁してしまうことを思えば、尊厳は守られるし「出て良かったね」となる

※トイレ介助は認知症の進行状況や体の状態によって変わります。

トイレ介助②

リズム整え 失禁前に誘導

レビー小体型認知症の終末期で要介護5の男性（92）が「病院は嫌だ」と意思表示して、入院先から福寿荘に移ってきました。病院の用意した患者衣を着てオムツという生活から、日中は洋服で夜はパジャマに着替え、紙パンツをはきますが、排せつはトイレの生活に変わりました。

日増しに穏やかになり、会話もしっかりしてきました。年をとっても車椅子より自分で歩きたい、流動食よりおいしいものを食べたい、オムツよりトイレに行きたいんですよ。

そのために大切なのがトイレ誘導です。失禁してしまう前にトイレに行けるよう排せつのリズムを整え、そわそわしたり立ち上がろうとしたりというシグナルを見逃さないようにしましょう。前回の排せつからどのくらいたったかな、おならの臭いはどうかな、など。ちょっと変だなと感じたらトイレに誘います。

排せつ物を触ったり投げつけたりする「弄便《ろうべん》」も、リズムが整って分かってあげられるようになればなくなります。便失禁しているのに介助しないままになっているから、本人も困ってやってしまうものだと考えましょう。

トイレに失敗するようになると、段階的に①股間が厚くなった失禁パンツ②失禁パンツ＋尿取りパッド③紙パンツ＋尿取りパッド、そして寝たきりの終末期になると④テープ止めタイプの紙オムツ、となっていきます。

認知症になってもオムツにするのは抵抗感があるものです。だから、「これ、あったかいんだよね。お尻冷えないからいいよ」と紙パンツを勧めます。

排せつに失敗した際、「このパンツはいてみない？」と勧めることもあります。はいてうまくいけば成功体験になりますから。

POINT

オムツ類の段階別の使い方

① 失禁パンツ

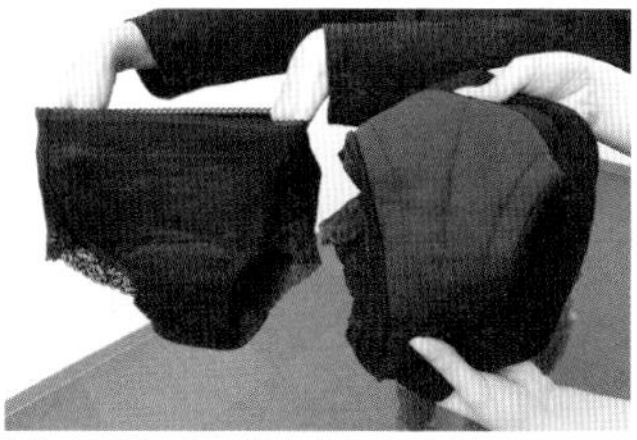

股間を吸水加工しているが、見た目もはき心地も普通のパンツに近いので抵抗感が少ない

② 失禁パンツ＋尿取りパッド

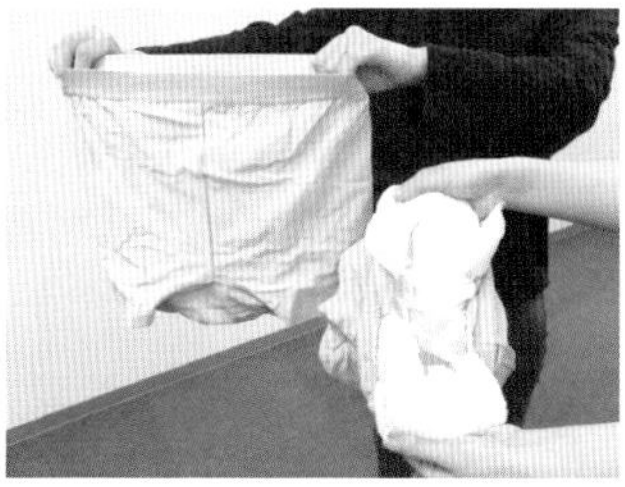

量が多くなってきたら尿取りパッドも併用する

③ 紙パンツ＋尿取りパッド

紙オムツもパンツタイプだと自尊心も保たれ、抵抗感も少ない

④ テープ止めタイプの紙オムツ

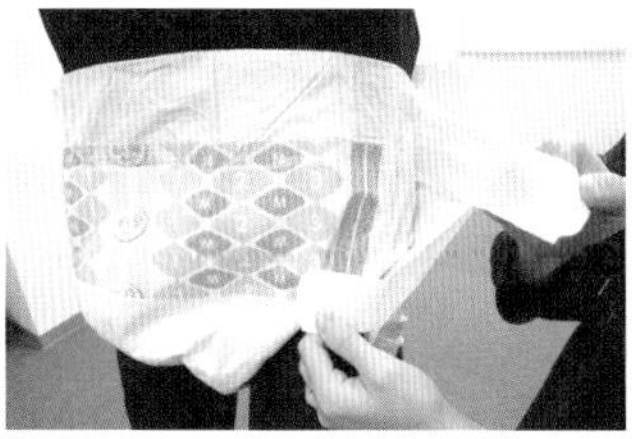

寝たきりになるとパンツタイプの脱着が難しくなるのでテープ止めタイプに

入浴介助

無理させず 自然に誘う

人として生まれ、自分の身の回りのことを1人でできるようになっていくとき、最後に10歳くらいで身につくのが入浴ではないでしょうか。それが認知症になると最初にできなくなります。

1人で服を脱ぎ、風呂に入って体を洗い、タオルで水気を拭き取って服を着て出てこられるうちは大丈夫です。

風呂に入らなくなってきたら黄信号です。「おっくうだ」「面倒くさい」と言っているうちに、「どうしたらいいかわからない」と進みます。

慣れた自宅でさえ風呂の入り方が分からなくなった人に、知らない場所で他人に手伝ってもらって入れと言う方が無理な話です。

男性介護職員が3人がかりで入浴介助をしていた施設があるそうです。お風呂に入るというのは気持ちのいいことのはずなのに、押さえつけられて入らされるなら、虐待みたいなものですよね。

私は「ちょっと一緒に行きませんか」と、風呂という言葉を使わないようにして誘い、「寄っていきますか」と、先にトイレに入って排せつ介助。「ちょっと見てもらっていいですか」と風呂場を見せ、「あったかそうですね。お湯に触ってみます？入っちゃいますか？」と、自然な流れで入浴できるよう心がけています。

福寿荘では、①タオルや着替えなどの事前準備はしっかり②脱いだ服はすぐ洗濯に回して入れ替え、目につかないようにする③急がせない、無理強いしない④羞恥心に配慮して正面からの介助は避ける⑤入浴後は気持ちよくなって脱力するので、脱衣室で体を拭く際は椅子にタオルを敷いて、急な排せつに備える――などを徹底しています。

POINT

入浴介助の注意点

ここに手すりがあると、体を洗ってもらっているときにつかまると安定する。体を洗い終わってから浴槽への移動にも使える

羞恥心に配慮して鏡に向かって座らず、反対側の壁に向かってシャワーチェアに座ってもらう。正面からの介助は避け、膝上にはタオルをかけるのも羞恥心に対応する方法

「シャワーかけますね」と声をかけた上で、ビックリさせないよういきなり体にかけず、足元からシャワーをかけ始める。体の先端から温め、徐々に心臓に近いところへ。それからせっけんをつけて洗い流し、浴槽に移動してもらう

浴槽内に座るのが大変な場合は浴槽用の椅子を置いて座ってもらう。そうするとお湯に肩までつからないのでお湯をかけてあげる

浴槽用椅子

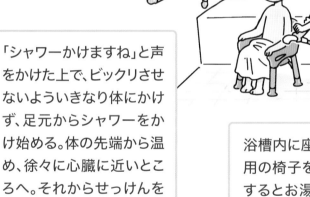

床ずれ防止

秘訣は羽毛布団でフカフカに

寝返りが打てなくなった人は、そのままにしていると、体とベッドが接するところの血流が悪くなり、壊死《えし》してしまいます。これを「床ずれ」とか「褥瘡《じょくそう》」と呼びます。筋肉や骨まで達してしまい、敗血症を併発することもあります。

褥瘡ができてしまった人向けや防止用の専用マットも販売されていて、福寿荘でもいろいろ試してみました。高価なエアマットだと、入居者が寒がってしまったこともありました。

試行錯誤の結果、行き着いたのが羽毛布団を活用したフカフカの寝床です。

福寿荘オリジナルの寝床は、ベッドのマットレスの上に敷き布団を敷き、三つ折りにした羽毛掛け布団、防水のラバーシーツ、シーツ、バスタオルの順に重ねたもの。80代の女性が病院から入居してきた際、おしりにあった直径7、8センチもある大きな褥瘡が、3カ月たったらきれいになくなっていた実績もある。その女性が亡くなったときには、褥瘡の跡も残っていなかったという。

もちろんベッドメークだけではなく、2、3時間おきに体位を変えたり、食事でタンパク質をしっかりとっていただいたりすることも大切です。体位を安定させるため、足の間にクッションを挟んだり、脇にタオルを挟んだりもします。福寿荘では高タンパクの食べ物として、圧力鍋を使って柔らかく煮た金時豆の甘煮（59ページ）が人気で、常備しています。

そしてもう一つ。入居者が食事で部屋を離れる度、シーツをはがしてベッドメークをやり直すことにしています。だって、食事を終えて部屋に戻ったとき、フカフカのベッドに寝られたらうれしいし、元気になりますよね。

床ずれを防ぐ寝床
（福寿荘方式）

①マットレスⒶの上に敷布団Ⓑを敷き、三つ折りにした羽毛掛け布団（Ⓒ、イラスト参照）を置く。
②ラバーシーツⒹをかけ、シーツⒺを張る。
③吸汗と体位交換用にバスタオルを敷き、お年寄りをベッドに移す。

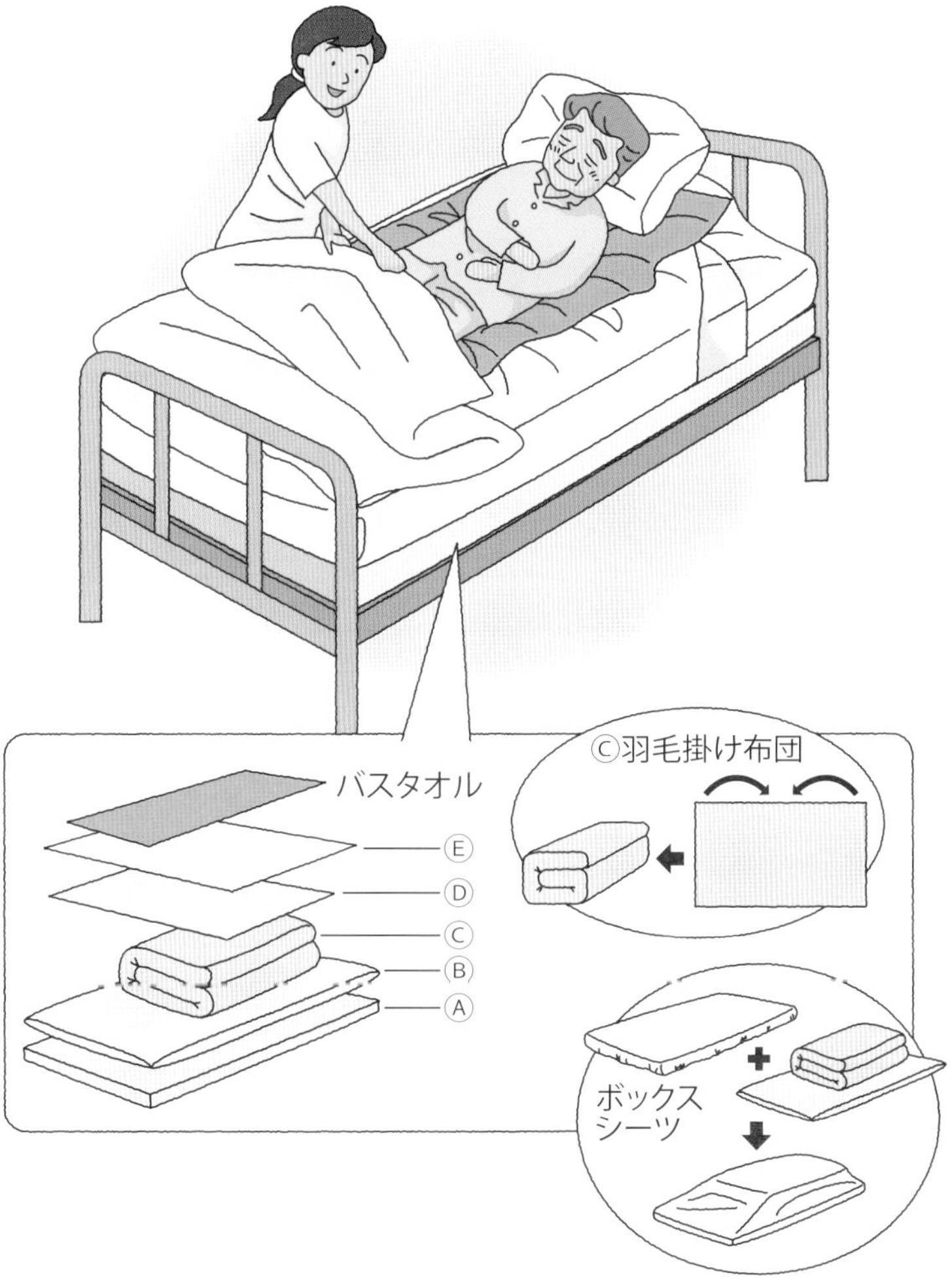

さらに、①の段階で敷布団Ⓑと三つ折りにした羽毛掛け布団Ⓒをボックスシーツでくるむと安定する。

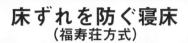

電話を導入、窓越しの面会にも対応した（12月には再び停止）。渡辺さんが毎月出している「家族への手紙」で、はがきや手紙が来ると、入居者が何度も読んでは家族との絆を感じている様子を伝えたところ、手紙もずいぶん増えたという。

ただし入居者が終末期になり、看取り介護に入った際は、例外的に面会の時間を設けた。家族とコミュニケーションをしっかりとりつつ、従来は受け入れていた施設内での宿泊はできないことに理解を求め、面会の際は非常口から出入りして他の入居者と接触しないよう個室に入るなどの工夫をした。

7月5日から再開した面会は、事前予約制で1回15分までなどの約束事（図参照）を設けた。待ちわびた家族の面会が相次いでいる。

総合施設長の武田純子さんは「新型コロナによって、面会は自由だった元には戻すことができなくなりました。マスクしながらの介助も実は大変。みんなでこの状況を乗り切るためには、家族も職員も一丸になって入居者を守るという考えで、感染症に対応していきたい」と話している。

福寿荘の面会時の約束事

関東圏からの面会はお断りします。道内在住で関東圏に行った場合も、帰道して2週間は面会をお断りします。

施設内、居室内はマスクを着用。面会時も外さないでください。外からしてきたマスクで施設内には入れません。面会用の新しいマスクに玄関で替えてください。

玄関で検温、手指のアルコール消毒

面会は大人だけで2人まで。それぞれの居室で15分間。
居室での飲食はお断りします。

同時刻の面会重複を避けるため2日前の午後3時までの事前予約制。
面会は1日3組限定。午後1時、午後2時半、午後3時45分のいずれかに1組ずつ。偏らないため週1回まで。

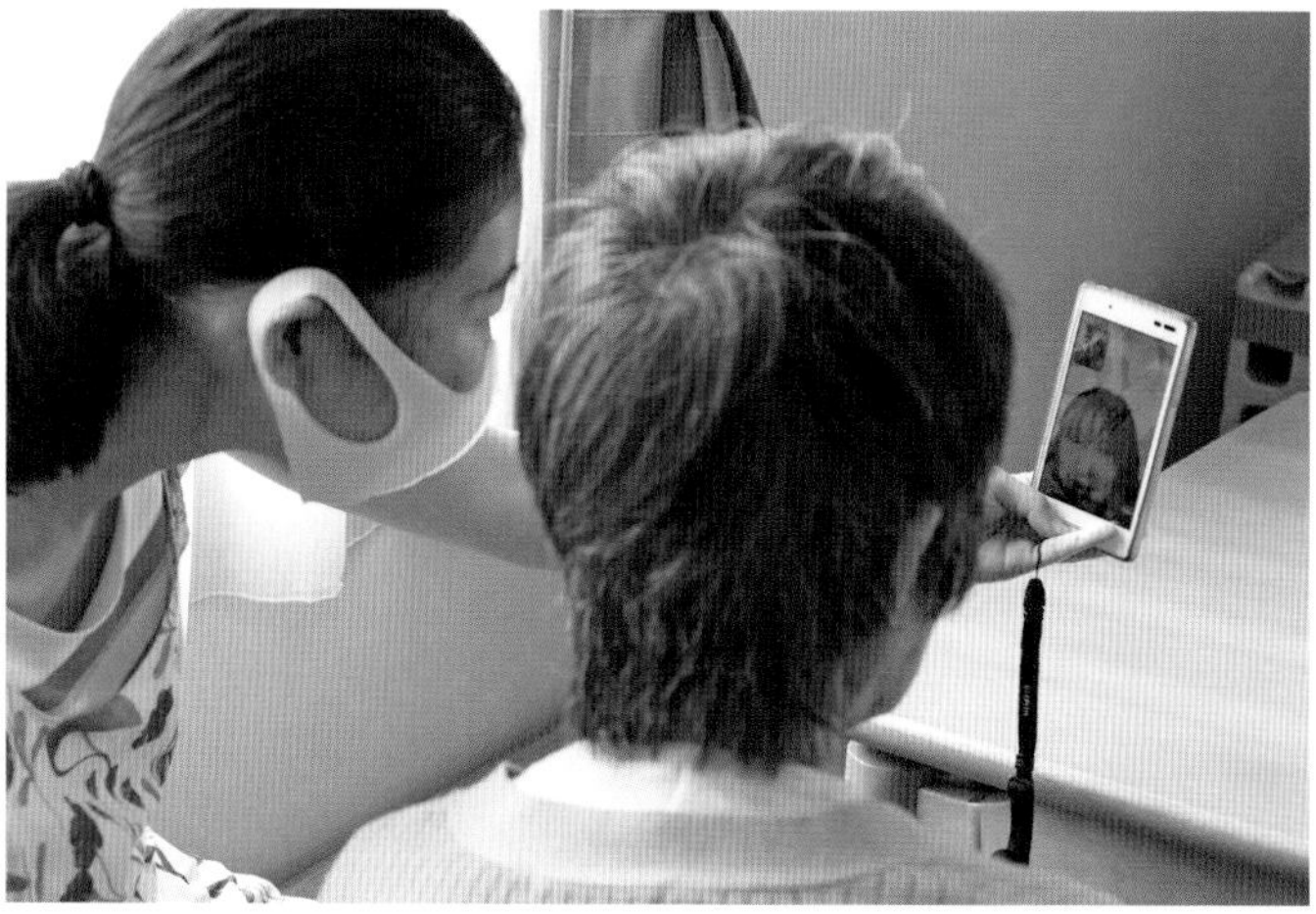

管理者の渡辺郁子さん（左端）を介し、スマホの画面で互いの顔を見て話す母娘。「母の様子が分かるので安心感があり、便利でありがたい」

※新型コロナウイルス感染の再拡大や変異種の出現を受け、福寿荘では2020年11月半ばから、再び原則として面会禁止にしている

コロナ禍中の福寿荘では20年7月、制限付きで面会を再開しました

グループホーム「福寿荘」は、コロナ禍の中でどのような対応をしてきたのか。面会禁止の施設や病院も多い中、2020年7月に入って面会禁止を解き、「事前に予約」「1回15分間」などの制限付きながら家族と入居者が直接会えるようにするまでの経緯や対応策を追った。

テレビ電話を活用

「テレビ電話しよう」――。

9人の認知症高齢者が暮らす福寿荘の「青空ユニット」で、管理者の渡辺郁子さん（39）が、入居している要介護4の女性（84）に、同ユニットのスマートフォンの画面を見せながら話しかけた。

女性の次女（56）とつながり、互いに顔を見ながら、渡辺さんを介しつつの会話が始まった。

次女　「わかる?」
女性　「おはよう」
次女　「ごはん食べた?」
女性　「うん」
渡辺　「最近は調子が良くて、朝もしっかり起きられるんです」
次女　「ありがとうございます。おかあさん元気?」
女性　「○○ちゃんも頑張って。忙しいのにごめんね」
次女　「ちゃんとごはん食べて、みなさんと仲良くね」
女性　「ありがとう。もういいよ～」

時間にして5分ほどだが、通話後、次女は「毎週1回行っていた面会ができなくなった分、顔を見て話すことで安心感があります。面会には片道1時間かかるので、これからは再開された面会と併せて使わせていただきます。すごく便利でありがたい」と話した。

青空ユニットでは、この女性のようにスマホの無料通信アプリ「LINE（ライン）」を利用して、2人が家族とテレビ電話をしている。ほかの7人はメールで写真のやりとりをしたり、映像なしで電話を使ったりしている。

家族との絆が大事

福寿荘は20年2月25日から面会禁止としたが、なんとか工夫できないかと、4月からテレビ

思いやる心で伝える「ユマニチュード」

ユマニチュードとは、フランス語で「人間らしさを取り戻す」という意味合い。介護する相手を思いやることで認知症や寝たきりなど難しいケースのお年寄りが回復するケア技法として、イブ・ジネストさんらが開発、40年の歴史がある。

意識的に①見つめる ②話しかける ③触れる ④立ってもらう——という四つの柱を徹底して、複数同時に行う。「あなたを大切に思っています」という気持ちを、理解できる形にして伝えることで、介護される側も穏やかになるという。

実際、入浴を嫌がって暴れていた人が穏やかに受け入れた、寝たきりだった人が歩いたなど、イブさんが訪ね歩いた先々で模範的なケアをやってみせると、驚くべき実例が多々、映像などに残されている。

フランス国内では400を超す医療や介護の施設で導入。日本には2011年、東京医療センター総合内科医長の本田美和子医師が訪仏したのをきっかけに紹介された。30カ所近い医療機関や高齢者施設で取り組んでいるほか、福岡市は市をあげた研修や実証実験を行ってきた。旭川医大でも2015年度から医学科1年生が心理・コミュニケーション実習の中で、高齢者施設に行って学んでいる。

ユマニチュードの四つの基本

見つめる

- 相手の視界に入る位置から目線の高さを合わせて対等な関係を示す
- 認知症の人は視野が狭いため正面のとても近く(20センチくらい)から長い時間
- 部屋に入るときは必ずノックして人が来ることに気付いてもらう

話しかける

- 優しく穏やかにソフトな声で
- 前向きな言葉で会話を楽しむメッセージに
- 相手が黙っていても声をかけ続ける

触れる

- 手や背中の広い範囲をゆっくりと手のひらで包み込むように優しく
- 腕や手首をつかまない。つかむのは愛していないと言っているのと同じで恐怖心を抱き、敵だと思ってしまう

立ってもらう

- 寝たきりにさせないため、1日合わせて20分ほど、立つ時間をつくる
- 筋力の低下を抑え、視界が広がることで同じ空間にいることが認識でき、尊厳が保てる

第２部

食事編

福寿荘の食卓

家族みんなが同じものをおいしく食べる幸せを

年を取って飲み込む機能が衰えても、「最期までおいしいごはんが食べたい」とだれもが思うことでしょう。私たちも「おいしいごはんを食べさせてあげたい」と思っています。

福寿荘で暮らす人たちは、大きな家族のようなもの。私たちは家族のごはんをどうやっておいしく、楽しくできるかを考えて食事づくりをしています。これは特別なことではありません。

たとえば小さな子どものいる家庭では、カレーを作るとき、ひと手間かけて小鍋に分けて甘口を作ったりしますね。ここで全く別の料理を作るのは面倒だし、子どもだって大人と同じようにカレーが食べたい。仲間はずれは悲しいものです。

食卓にそれぞれ大好きなカレーがあって、「いただきます」と食べることに向き合える。そんな日常を少しでも長く続けたいと思って工夫しているだけです。

福寿荘では、普通に食べられる人の食事と、嚥下《えんげ》障害のある人に食べやすい食事「やわらかさん」を用意しています。「やわらかさん」も、普通食と同じく見た目を大切にしています。きれいでおいしそうに見える料理は、認知症の人も食欲がわき、手が伸びることが多いものです。

介護の現場では、食材を細かく刻んだり、ミキサーで粉砕したりすることがありますが、食べても何だか分からないし、満足感が得られませんから、福寿荘ではやりません。

「〇〇さんはこうしたら食べられるかな？」

とあれこれ考えて食卓に並べ、食が細くなった入居者がパクパク食べてくれると、本当にうれしくなります。そうやって手間をかけたことは、きっと相手にも伝わっていると思います。

POINT

ある日の夕食

福寿荘では一汁三菜が基本です。ある日の献立はこんな工夫をしました。

普通食

やわらかさん

❶炊き込みご飯→やわらかさんは「モチモチごはん」に

やわらかさんは、普通の米ともち米を半々にし、水の量を1.5倍にして炊きます（48ページ参照）。

❷リンゴとキャベツのサラダ→やわらかさんは「アボカドとトマトのサラダ」に

やわらかさんは、かたい果物や歯応えのある生野菜は食べにくいので、やわらかいアボカドやトマトにします。小さめのさいの目切りにして、彩りも美しく。

❸ごぼうと牛肉の煮物→やわらかさんは圧力鍋で柔らか煮に

根菜類の煮物は、さらに圧力鍋でやわらかく煮ます。食材の形は残っているので、ごぼうや牛肉の見た目を楽しみながら食べられます。

❹みそ汁（共通）

嚥下障害が強いと水分も飲み込みにくくなるので、とろみの粉（とろみ調整食品）を混ぜて飲み込みやすくします（使い方は54ページ参照）。

❺たくあん→やわらかさんは「まぐろのたたきの山かけ」に

歯応えのある漬物は食べられない人は、まぐろのたたきの山かけに。普通の刺し身はかみ切れない人も、包丁で細かくたたくと大好きなまぐろが食べられます。

プラス「食べる薬」

おちょこに、はちみつを入れて粉薬を混ぜて食べていただきます。

食事の取り方

静かな環境で姿勢を整え「食べる気力」を維持

食事どきに福寿荘を訪れた方から、決まって言われる言葉があります。

「静かですね」

食事のときはテレビを消します。認知機能が低下してくると、たくさんの刺激を処理できなくなり、音楽やテレビで気が散ると「食べる気力」を維持するのが難しくなります。

食事は基本的にダイニングで取りますが、食べやすい姿勢にすることが大切です。

「移動は車椅子」という人も、車椅子のままでは食べません。座面が安定せず、背中も丸まることで顎が引け、喉元が狭くなって飲み込みにくくなるからです。

座面がしっかりした椅子で、座面の真ん中に深く腰掛け、背中をクッションで支えると、体がうまく収まってグラグラしません（左ページ参照）。

クッションは「どこで売っていますか？　探しても見つかりません」と何件も問い合わせをいただきましたが、これはママさんの授乳用クッションです。介護用品コーナーにはないので、普通の衣料品店に行ってみるよう勧めました（「アカチャンホンポ」や「ファッションセンターしまむら」などで買っています）。

椅子の脚には硬式テニスのボールに切れ目を入れて履かせます。こうすると、椅子を滑らせてテーブルに近づけたり遠ざけたりが簡単にできるようになります。

座ると足が床につかない小柄な人には、足元を安定させるために足台を置きます。発泡スチロール製ブロックだと軽くて足を置いても冷えないし、２００円くらいで買えます。

POINT

食べる姿勢

U字形のクッションを逆さにして背中を包むように当てると、座位が斜めにならず、体がうまく収まる
車椅子のままではなく、座面がしっかりした椅子に深く腰掛ける
硬式テニスボールに切れ目を入れ、椅子の脚に付けると滑りがよくなり、楽に椅子を動かせる
足元が安定すると体に力が入りやすいので、発泡スチロール製ブロックを足元に置く

食事の介助

自分が食べる気持ちで相手に集中

認知症が進み、自分の手で食事を取れなくなった場合は、介助が必要になります。

基本は隣に並んで座り、話しかけながら箸やスプーンで口に運びます。食事介助は奥が深いものです。相手を思いながら、自分ならどう食べたいかも参考にしつつ、食べてもらう順番を考えます。

まずは口に湿り気をつけてもらうため、みそ汁やスープを一口。そして、いちばん食べたそうなものを続けざまに。気に入った様子のものは、続けて食べた方が食が進みます。最後の一口はごはんがいいのかな、好きなものを残しておくのかな、などといろいろ考えます。

嚥下障害が重くなってきた人には、正面に座って食事を介助するようにします。一口ずつ、口元の動きや飲み込みを確認する必要があるからです。おいしいと思えたら次の一口もいけますが、おいしくなかったらダメなんですね。食事介助も、人を思う気持ちが大切なんです。

また食事介助中は、とにかく相手に集中することが大事です。私はいつも「1回きりの真剣勝負！」と思って、ほかのスタッフには「途中で話しかけないでね」と言っています。それは以前、こんな失敗があったからでした。

お正月はお餅をついて食べるのが福寿荘の恒例行事。82歳のSさんが介助されてあんころ餅を食べていたので、せっかくだからビデオで撮影しようと思いました。私に話しかけられた食事介助者が、こちらを振り向いて介助を中断した途端、Sさんの表情はみるみるこわばり出し、食べようとしなくなりました。自分がないがしろにされたと感じてしまったのです。

食事介助は中断しない、やむを得ないときは本人の了解を得るなど、常に本人の気持ちを考えて行うことを忘れずに。

POINT

食事介助の方法

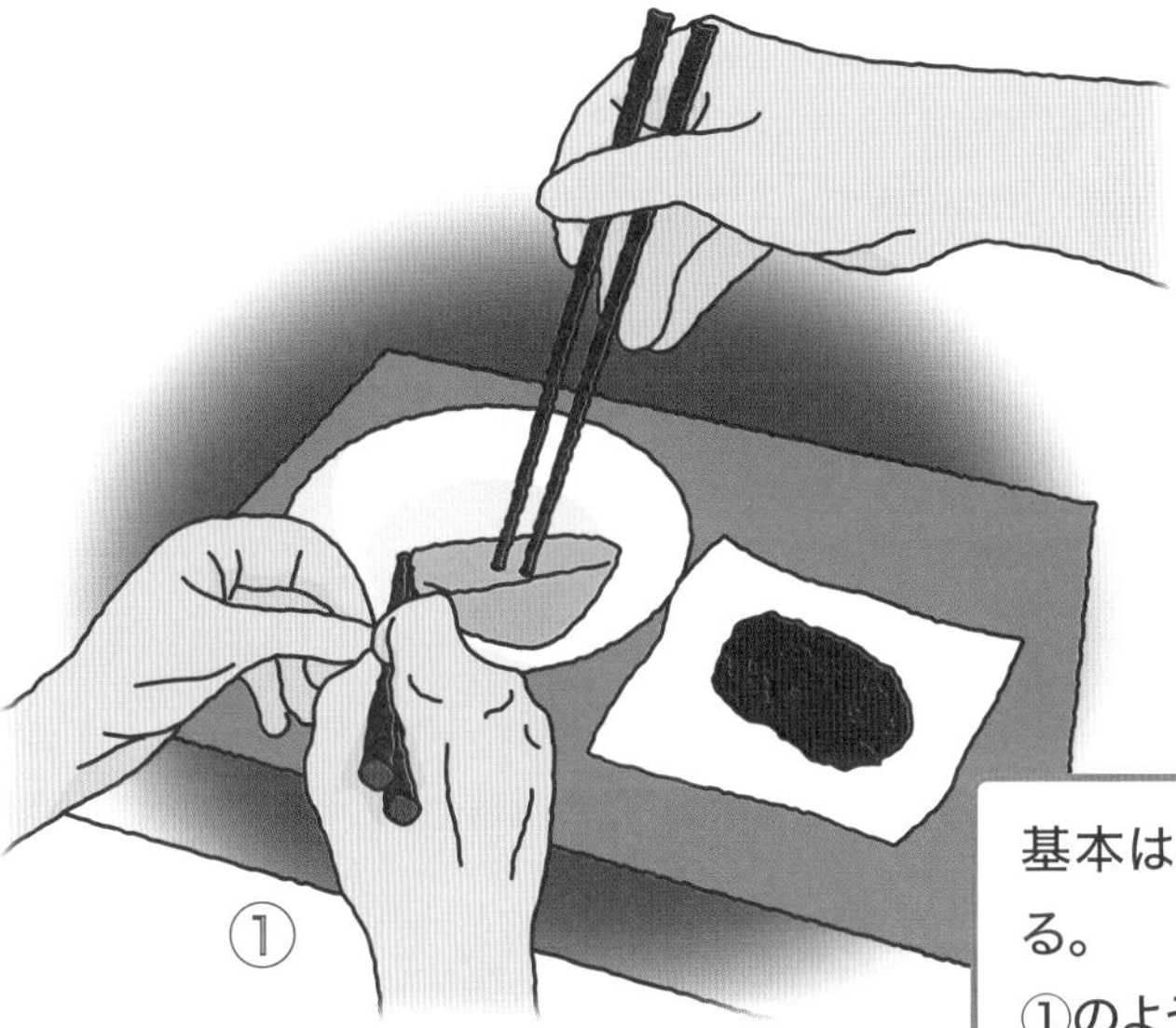

基本は横に座って食事介助する。
①のように介助を受ける人にも箸を持ってもらい、自分で食べている感覚になってもらう

嚥下障害が重くなってきたときは、正面に座って食事介助する。
口の動き、飲み込みの様子を一口ずつしっかり確認しながら食事を進める。
座面のしっかりした椅子に深く腰掛け、背には②のようにU字形クッションを逆さにして、包み込むように当てる（45ページ参照）

調理の工夫
①主食

「モチモチごはん」で飲み込む力をサポート

飲み込みが悪くなると、ごはんがむせて食べられなくなることがあります。このとき普通はおかゆを用意しますが、食事にかかる時間が長くなると、水分が分離して食べにくくなってしまいます。

福寿荘では、飲み込む力が弱い人でも「おはぎ」は食べられることをヒントに、もち米を半分加えてやわらかめに炊いてみたところ、ほとんどの人がむせずに食べられるようになりました。嚥下障害が強くても、かんでいるうちに甘味が出て、ごはんが自然に口の中でまとまり、飲み込みやすくなるのです。これを「モチモチごはん」と名づけ、もう10年以上続けています。

◆炊き方は、**うるち米（普通のお米）ともち米が1：1、水は通常の1・5倍量**が基本。（うるち米1合、もち米1合の場合、水は炊飯器で3合分の目盛りに合わせます）

◆さらに飲み込みが悪化したときは、水を増やしてやわらかさを調整します。

◆冷凍保存ができます。小分けに冷凍しておくと便利です。

見た目や味の変化を楽しめるような工夫もします。食欲のないときは、上に柔らかい餡《あん》をのせたり、きな粉をまぶしたりすると、目先が変わって食べられることがあります。少し硬めに炊き、おすしにしても喜ばれます。炊き込みごはんにするときは、ごぼうやにんじんなどの具をみじん切りにして加えます。

モチモチごはんにすると、重度の入居者もごはんを食べてくれます。終末期を迎えても、亡くなる2、3日前までおいしそうに食べ、だんだん何も食べなくなり、穏やかな最期へと向かっていきます。

主食にはうどん（冷凍品）もよく使います。煮込みうどんにするか、つゆにとろみをつけると食べやすくなります。

RECIPE

モチモチごはんのおはぎ

　餡から手作りする福寿荘の「おはぎ」は大人気で、日常的によく作ります。お正月は毎年恒例の餅つきをしますが、お餅を食べられない人のために、必ず「モチモチごはんのおはぎ」も用意します。小豆とずんだの2色の餡は目にも鮮やかで食欲をそそります。そのほか、きな粉をまぶしたり、砂糖じょうゆをつけたり、お餅と同じようにお好みで楽しめます。

［材料］（約 14 個分）

- モチモチごはん（48 ページ参照）…………………………1 合分
- つぶ餡 …………………… 適量
- 枝豆（冷凍） ………… 適量
- 砂糖 ……………………… 適量
- 塩 ………………………… 少々

［作り方］

①モチモチごはんは一口大に形を整える。

②つぶ餡は少しやわらかめに仕上げる（煮詰めない）。

③枝豆は解凍してフードプロセッサーでペースト状にし、砂糖と塩で味を調える。

④ラップの上にそれぞれの餡を 1 個分ずつ丸く伸ばし、①のごはんをのせて包む。

※市販品の餡を使うときは、容器に移し、そのまま電子レンジで温め、やわらかくして使う。

※小豆餡は食物繊維が豊富なので、便通がよくなる効果もある。

RECIPE

握りずし

おすしはみんな大好きで、福寿荘でも時々おすしをとって食べます（ただし、お年寄りにはタコとイカの握り、軍艦巻きは食べにくいので抜いてもらいます）。普通の握りずしが食べられない人には、ひと手間かけたおすしを作ります。サーモン、マグロ、エビ、ホタテ、白身魚など、好きなお刺身を細かくたたいてネタにすると、食が細くなった人も5個、6個と手を伸ばしてくれて驚くことがあります。

［材料］（約 20 個分）

・モチモチごはん（48 ページ参照）
　…………………………… 1 合分

・すし酢 …………………… 適量

・サーモン、マグロ、
　甘エビなどの刺身 … 各適量

［作り方］

①モチモチごはんの水を 1 割ほど減らして硬めに炊き、すし酢を合わせる。

②サーモン、マグロ、甘エビはそれぞれ包丁でたたく。アルミホイルを敷いたバットに成形して並べ、冷凍庫で 30 分ほど冷やす。

エビの尾はネタを成形したあとにつけて冷凍する。

③①の酢飯を小さめに握り、冷凍庫から出したネタをのせる。

※サーモンやマグロは市販のたたき（冷凍品）を利用しても手軽にできる。
　丼ものにも使えるので常備しておくと重宝する。

RECIPE

焼き鮭のちらしずし

鮭のちらしずしは私の母がよく作ってくれた思い出の味で、福寿荘でもみんな喜んで食べてくれます。中に入れる具は同じですが、普通の酢飯と、モチモチごはんの酢飯の2種類を用意し、「やわらかさん」用には鮭を少し細かめにほぐし、きゅうりを薄めに切って混ぜます。焼き魚で出すと硬くて食べにくい鮭も、モチモチごはんに混ぜると食べやすくなります。

[材料]（2人分）

・モチモチごはん（48ページ参照）
　……………………… 1合分

・すし酢 ………………… 適量

・鮭 ……………………… 1切れ

・きゅうり ……………… 1/2本

・ごま、錦糸玉子、紅しょうが、
　のり ………………… 各適量

[作り方]

①モチモチごはんの水を1割ほど減らして硬めに炊き、すし酢を合わせる。

②鮭は焼き、身をほぐす。

③①の酢飯に鮭、せん切りにしたきゅうり、ごまを混ぜる。

④器に盛り、錦糸玉子、みじん切りにした紅しょうが、のりを飾る。

※上に飾るのりは少なめに。あまり多いと他の具やごはんにくっついて食べにくくなる。

RECIPE

パスタ風うどん

パスタは、やわらかくゆでても弾力があって、かみ切るのが難しいことがあります。そこで私たちがパスタを食べるとき、みんなで同じものを食べられるように、「やわらかさん」用にうどんを使って工夫してみました。夏はさわやかな冷製がおすすめです。

[材料]（2人分）

- うどん（冷凍）……… 2食分
- プロセスチーズ………… 20g
- アボカド……………… 1/2個
- トマト ………………… 1/4個
- きゅうり ……………… 1本
- （A）白だし、オリーブオイル、マヨネーズ（各適量）、塩少々

[作り方]

①冷凍うどんは電子レンジで解凍し、冷やしておく。

②チーズ、アボカド、トマトは細かく切り、きゅうりは薄切りにする。

③ボウルに（A)、うどん、チーズ、アボカド、きゅうりを加えて混ぜる。

④器に盛り、トマトを彩りよく散らす。

※温かいうどんにミートソースをかけてもおいしくできる。

食事の回数
「3食」にとらわれず

福寿荘では「1日３食」という常識にはとらわれません。食事の時間だからといって無理に起こすと、ぼんやりしたまま食べることになります。認知症のお年寄りでなくても、そんな状態なら食べる気にならないでしょう。

昼間に寝過ぎないよう誘導して生活のサイクルを安定させようとはしますが、無理はしません。昼間は食べられなかったけれど、夜中に覚醒して「おなかがすいた」という場合には、おにぎりと副菜の簡単な食事をしてもらうこともあります。

みんなそろって「いただきます」って食べ始めるなんて、幼稚園児じゃないんだからしません。いい大人がそんなことやりたいと思いますか？　食べたいときに食べる、おなかがすいたときに自分のペースで食べる。そんな普通の暮らしがいいと思っています。

食事の準備中に、「おなかすいたわ」とキッチンに顔を出す入居者もいます。そういう「食べたい」という気持ちを大切にしたいから、「準備できるの待ってて」なんて言いません。できているものから出してあげる。だって、そのとき食べたいんですから。

食事について理念を持って考えているところほど、介護の質が高いと思います。施設選びで見学するときは、そこをよく見た方がいいです。

おいしいものを食べて怒る人はいません。食に満足することは穏やかな暮らしにつながります。

調理の工夫
②水分補給

ゼリーやとろみの粉で水分を上手にとる

汗をかいて水分が不足すると、脱水症や熱中症になるばかりでなく、脳梗塞を引き起こすこともあるので、こまめな水分補給が大切です。飲み物としてとる水分の目安は1日に1～1.2リットルといわれています。

ところが嚥下機能が低下すると、食べ物が飲み込みにくくなるだけでなく、液体もむせて飲み込みにくくなるので、ゼリーを冷蔵庫にたくさん作っておいて、水分補給を図っています。

ゼリーの味は、番茶や緑茶、スポーツドリンク、リンゴやオレンジ、ブドウのジュース、牛乳など、日替わりにすると目先が変わって飽きません。福寿荘ではだいたい3種類ずつ、大きな密閉容器に作りおきしています。家庭では1食分を小さなフタつき容器に作っておいても便利だと思います。

また、食事でなかなか食物繊維がとれないときは、ゼリーに食物繊維商品を加えて排便をコントロールします。

みそ汁など汁物がむせて飲み込みにくいときは、とろみの粉（とろみ調整食品）を使います。ただし、粉が完全に溶けるよう細心の注意が必要です。完全に溶けないうちに飲むと、喉に付着した粉が水分を吸って膨らんでしまい、悪くすると窒息の危険もあるので、福寿荘ではあまり多用はしていません。

◆とろみの粉を使うときの注意

（1）汁物をフタつきの容器に入れ、とろみの粉を加えて1分間かけてよく振り混ぜる。

（2）20分間はそのまま置き、粉が完全に溶けて安定してから器にあける。

※とろみの濃度はその人の状況に合わせて調整する。

RECIPE

みかんのゼリー

食事のたびに150～200ccのゼリーをつけていますが、それ以外にも時々おやつにフルーツを入れた華やかなゼリーを出すと喜ばれます。みかんの缶詰は熱を加えて混ぜると、花びらのようにきれいに仕上がります。缶詰のシロップで甘さは十分です。

［材料］（できあがり約1200cc分）

- みかん（缶詰）1缶（430g）
- 水 ………………… 1リットル
- スポーツドリンクの素（1リットル用粉末）………………… 1袋
- 植物性ゼリーの素 …… 30g

［作り方］

①鍋に水とスポーツドリンクの素を入れて混ぜる。

②みかんは缶の汁ごと加え、火にかける。

③ゼリーの素を少しずつ入れ、よく混ぜる。

④沸騰後、みかんがほぐれるまで混ぜて火を止め、容器に入れて冷やし固める。

※植物性ゼリーの素は寒天を主成分とした製菓材料で、常温でも固まるので便利。

調理の工夫
③煮物

野菜も肉も圧力鍋で やわらかく

野菜がたくさん入った栄養豊富な煮物は、いつも食卓にのせるようにしています。

ごぼう、にんじん、大根などの根菜類や、じゃがいもなどは普通に煮ても硬いので、普通食が完成したあとで「やわらかさん」の分を圧力鍋に取り分け、さらに4～5分ほど加圧して仕上げます。圧力をかける時間は、それぞれの食材や食べる人の状態に合わせて調整してください。

こうすると野菜や肉の形はそのまま残り、やわらかくなって飲み込みやすくなります。見た目はこれまで食べていた料理と同じで、口に入れると食べやすい、おいしいとなれば、食欲がわいてきます。

肉じゃが、おでん、豚汁、寄せ鍋、キムチ鍋、カレー、シチューなどいろいろな煮込み料理を作るとき、何でも食べやすくなるので、ぜひ圧力鍋を使ってみてください。やわらかく煮えてさえいれば、小さく割って口に運べば食べられます（圧力鍋がなければ、厚手鍋にフタをしてやわらかくなるまで煮る）。

ただし、しいたけ（生でも乾物でも）、こんにゃく、たけのこは、長く煮てもやわらかくならず、お年寄りにはかみ切れないので入れません。筑前煮などを作る際は、味が出ておいしくなるので、しいたけ、こんにゃく、たけのこも全部入れて調理し、食べられる人はいただきますが、他の入居者のお皿には盛らないように注意しています。

私たちは「最期までおいしいものを食べさせたい」という気持ちで日々の食事づくりをしています。その姿はだれも見ていなくても、神様は見ていると思っています。そして、いつか自分が上手に食べられなくなったとき、きっとだれかが同じようにしてくれることを信じて。

RECIPE

野菜のトマト煮込み

福寿荘では八百屋さんから新鮮な野菜を届けてもらっています。せっかくの旬の野菜はミキサーで攪拌《かくはん》したり、全部みじん切りにしたりせず、目で見て、何か分かるように調理します。

最初から小さく切った煮物は食欲をそそりません。大きすぎるときは「切ったほうがいい?」と本人に確かめてから、目の前のお皿でカットします。

［材料］（4人分）

・鶏肉 ………………… 200g
・にんじん、大根、玉ねぎ、しめじ、いんげん、トマトなどの野菜 ……………………… 各適量
・ブロッコリー …………… 少々
・トマトの水煮（缶詰） … 1缶
・コンソメキューブ ……… 1個
・にんにく………………… 2片
・塩、砂糖 …………… 各少々

［作り方］

①ブロッコリー以外の野菜は乱切りに、しめじは小房に分ける。鶏肉は食べやすい大きさに切る。

②①とトマトの水煮、すりおろしたにんにく、コンソメキューブを圧力鍋に入れて強火にかける。

③蒸気が出たら中火にし、7～8分加熱する。火を止めて圧力が抜けたら塩と砂糖で味を調える。

④器に盛り、ゆでたブロッコリーを飾る。

RECIPE

ごちそうカレー

以前はじゃがいもが入ったカレーをよく作っていたのですが、飽きてきたので別のカレーを……と考えてできたのがこれ。牛肉入りなので「ごちそうカレー」と命名しました。ごぼうがベースになって、いい味が出ます。

食が細くなっても「カレーなら食べられる」という人のために、一度に30人分ほど作り、いつでも出せるよう小分けにして冷凍しています。

[材料]（5人分）

- 牛こま切れ肉 ……… 150g
- 玉ねぎ …………………… 2個
- ごぼう………………… 10cm
- にんにく、しょうが ……各1片
- カレールウ（甘口） …… 50g
- サラダ油 ……………… 適量
- 水 ………………… 1カップ
- 牛乳 ………………… 50cc
- (A) ケチャップ、ソース、はちみつ、だしの素、めんつゆ、砂糖各少々

[作り方]

①牛肉は5ミリ幅くらいに切る。玉ねぎは縦半分に切り、繊維を断つように薄切りにする。ごぼう、にんにく、しょうがはみじん切りにする。
②鍋にサラダ油を入れ、にんにく、しょうが、ごぼうの順に炒める。
③玉ねぎを少しずつ加えて炒め、透明になったら水を加えて煮る。
④牛肉を入れ、肉に火が通ったら牛乳を加え、弱めの中火で15分ほど煮る。
⑤圧力鍋に移して中火にかけ、蒸気が出たら弱火にし、15分ほど加熱する。
⑥火を止めて圧力が抜けたらカレールウを溶き、(A) で調味してひと煮する。

※玉ねぎは薄切りにして一度冷凍しておいたものを炒めると、時間を短縮できる。
※④のあとで取り分け、辛口のカレールウを入れると普通のカレーに。

RECIPE

金時豆の甘煮

豆類は高タンパクなので食が細くなった人におすすめです。煮豆は、なじんだ味のせいかみんな大好き。でも加減しないと太ってしまうので、食べ過ぎにはご注意を。嚥下障害が重度になると煮豆の皮が食べにくくなるので、フードプロセッサーにかけ、こし餡状にすると食べやすくなります。

［材料］（作りやすい分量）

- 金時豆（乾燥）… 1カップ
- 砂糖 ………… 100～120g
- 塩 ……………………… 少々

［作り方］

①金時豆は洗って一晩水につけておく。

②圧力鍋に①の豆と、つけていた水1カップを入れて強火にかけ、蒸気が出たら弱火にし、20分加熱する。

③火を止めて圧力が抜けたら豆をざるにあけ、煮汁60ccと砂糖、塩を鍋に入れ、沸騰させる。

④調味料が溶けたら豆を鍋にもどし、弱火で約30分煮る。

RECIPE

はんぺんとなすの煮込み & ごぼうとにんじんと牛肉の煮物

一つの圧力鍋で「やわらかさん」と「普通食」を同時に調理することもあります。煮物を作るときは、はんぺんや車麸など、食べられない食材の代わりになるものを入れると手間いらずです。硬めのごぼうや牛肉は食べられなくても、それらの旨味がはんぺんやなすに染み込み、おいしくなります。

[材料]（作りやすい分量）

- 牛肉 …………………… 200ｇ
- ごぼう……………………… 1 本
- にんじん…………………… 1 本
- はんぺん ……………… 1 枚
- なす ……………………… 2 本
- しめじ…………… 1/2 パック
- だし汁 …………… 4 カップ
- （A）めんつゆ、みりん、日本酒 …………………… 各適量

[作り方]

①牛肉は食べやすい大きさに、ごぼうとにんじんは太めの短冊切りにする。

②はんぺんは一口大に、なすは皮をむいて一口大に切る。しめじは小房に分ける。

③圧力鍋に①、②、だし汁、（A）を入れて強火にかけ、蒸気が出たら弱火にして 15 分ほど煮る。

④火を止めて圧力が抜けたら、「やわらかさん」の器に、はんぺん、なす、にんじん、しめじを盛る。別の器に牛肉、にんじん、ごぼうを盛る。

※なすの皮はかみ切れないので、むいて使う。

好きなものをおいしく食べる

福寿荘の入居者にはこんな人たちがたくさんいます。好きなもの、食べたいものをいただくことが、人生を豊かにしてくれると思います。

■毎日アイスクリームを食べたMさん

嚥下障害のため食事ができず、病院では点滴で栄養を取っていたMさん。「ごはんが食べたい」というご本人と家族の希望で退院し、福寿荘でゆっくり過ごすことになりました。

食事は少量しか食べられなかったので、補食のためにMさんの好物を聞くと、「アイスクリーム」とのこと。そこで毎日二つずつアイスクリームを買ってきてMさんに出すと、おいしそうに平らげていました。

■スープをごくごく飲んだSさん

それまでは全く食欲がなく、吸い飲みで飲み物を口に近づけても一切飲まなかったSさん。ところが、私が「これ、おいしいよ〜」と持ってきたスープを見て、匂いをかいでひと口。すると、「おいしい」と言って、そのあとはごくごく飲み干しました。

お年寄りはどんな状況になったとしても、ご本人がおいしいと思ったものは食べてくれます。

■立派な桃も「つぶしていいですか？」

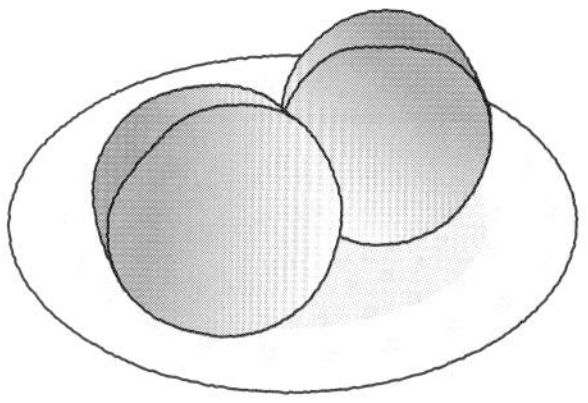

桃が大好なTさんのご家族が、福寿荘に立派な桃を差し入れてくれました。私たちは「こんなに大きな桃をいただいてすみませんが、つぶしていいでしょうか」とスプーンでつぶし、とろみの粉を入れて 20 分ほどおき、すっかり水分が出ないようにしてTさんに出すと、とっても喜んで食べました。

どんなに高価なものでも、ご本人が食べやすい形で安心しておいしく食べられるように提供すること。いつもそう考えて工夫を重ねています。

調理の工夫
④肉・魚料理

肉はミンチにして長いもをプラス

鶏の唐揚げやトンカツなどの肉料理を作るときは、肉をフードプロセッサーにかけるか、包丁でたたいてミンチにし、長いものすりおろしを少し加えて成形し、あとは普通に調理します。**肉と長いもの分量は20：1くらいが目安です。**

見た目は普通の肉料理と同じですが、口に入れるとホロリと柔らかく、かむ力や飲み込む力が弱くなっていても食べられます。

これも、「普通食」の人がおいしそうに唐揚げを食べているときに「やわらかさん」の人が食べられないという状況をなくしたい、と編み出したアイデアの一つです。

基本は「見た目も、食べてもおいしい」ということ。とはいえ毎日の食事ですから、大変な作業では続きません。できるだけ手軽に、でもひと手間を惜しまずに。そうすると、食べる人も作る人も幸せになります。

◆魚料理の工夫

魚の身は煮魚でも焼き魚でも、嚥下障害が強いと口の中でモソモソになってしまいます。そこで、魚好きの人にはこんな工夫をしています。

煮魚は身をほぐし、煮汁に混ぜてゼリー寄せにすると、のど越しがよく食べやすくなります。いわしやさばの水煮、ツナなど缶詰の魚をゼリー寄せにする方法もあります。缶詰の魚と、細かく切ったキャベツや玉ねぎを煮物にしてもおいしく仕上がります。

また、銀ガレイのように水分が多い焼き魚ならそのままでも食べられます。粕漬けにしたり、みりん漬けにしたり、味を変えると飽きません。刺身は包丁で細かくたたきます。

RECIPE

鶏の唐揚げ

鶏の唐揚げを作るときは、前日から肉に下味をつけておき、「やわらかさん」の分を取り分けてミンチにして調理します。できあがりも味わいも普通の唐揚げとまったく同じ、食感だけがやわらかく、食べやすくなっています。

[材料]（2人分）

- 鶏胸肉 ……………… 200g
- 長いも ………………… 10g
  （肉：長いも＝20：1）
- （下味）おろししょうが・にんにく、しょうゆ、日本酒、砂糖 各適量
- 薄力粉 …………… 大さじ2
- 片栗粉 …………… 大さじ1
- 揚げ油
- （つけ合わせ）
  湯むきしたトマト、レモン、パセリ

[作り方]

①下味をつけた鶏肉をミンチにし、すりおろした長いもと混ぜ、一口大に丸める。

②薄力粉と片栗粉を合わせて肉にまぶし、熱した油でこんがり揚げる。

RECIPE

ハンバーグ

ハンバーグも、食べにくいときは長いもをつなぎに少し加えます。または、玉ねぎを多めに入れたり、キャベツのみじん切りや豆腐を加えたりしてもやわらかく仕上がります。それでも食べられそうにない場合は煮込みハンバーグにするといいでしょう。

［材料］（2～3人分）

- 合びき肉 ……………… 250g
- 長いも ………… 10～13g
  （肉：長いも＝20：1）
- 玉ねぎ ………………… 1/4個
- 卵 …………………………… 1個
- パン粉、牛乳 … 各大さじ4
- 塩、こしょう ………… 各適量
- 焼き油
- （つけ合わせ）やわらかくゆでたブロッコリー、にんじん

［作り方］

①合びき肉に、すりおろした長いも、玉ねぎのみじん切り、卵、牛乳でふやかしたパン粉、塩、こしょうを加えてよく混ぜる。

②小さめのハンバーグ型に成形し、油をひいたフライパンで焼く。お好みでソースをかける。

※ハンバーグのタネが残ったら、丸めて肉団子にして冷凍しておくと、鍋ものやスープなどいろいろな料理に使える。

記録をつけよう

舌の機能が低下すると、かんだものを口の中で丸めて飲み込むことが難しくなり、ごはんでむせるようになります。むせると食べるのが怖くなり、食べなくなってしまいます。食事の介助をするとき、「どうも食が進まない」「飲み込みがつらそう」と感じたら、食事の様子を注意して見るようにします。

普通のごはんはむせるけれど、モチモチごはん（48 ページ参照）なら食べられる。そういう状況をくり返すようになったら、必ず本人の希望を聞いて、モチモチごはんに切り替えていきます。これは１回で決めることではありません。その日たまたま失敗しただけかもしれませんし、体調が悪かったのかもしれません。最期まで本人が持つ力を引き出すことが大切だと思います。

状況を正しく判断するには、「食事の記録」をつけるのがおすすめです。

「おいしそうに食べた」「半分くらい残した」「むせあり」など、書き方はどんな風でも構いません。その人にとってどんな食事が一番心地よく、幸せな日常が過ごせるかを考えることが大切です。ただしあまり神経質にならず、今日は全部食べられなくても、翌日食べられたら「よかった、大丈夫だね」くらいに考えましょう。食べられない日が続くようなら、何が原因かを考えて食事の形態を見直します。

それから、介助する人は頑張りすぎず、少し気を抜いていただけたらと思います。「カレージャーマン」（67 ページ）や「レンチン蒸し卵」（69 ページ）のように手抜きをしたり、便利な道具や調味料を取り入れるのもいいでしょう。楽しみながら、おいしいものをきれいに作ることを中心に考え、無理をしないように。この本がそのための一助になればと願っています。

調理の工夫
⑤副菜

もう一品欲しいときのアイデア料理

毎日の食事を作るなかで、「何かもう一品欲しい」と思うことがあると思います。そんなとき、冷蔵庫に常備している材料を使って、手軽にできる料理があると助かりますよね。ここでは、福寿荘でもよく作るアイデア料理を紹介します。

福寿荘では、いつも新しいレシピが増え続けています。それはなぜかというと、私たちがおいしいものを食べたいから。

調理人が、仕事として言われたとおりの料理を作るのとは違います。お母さんは家族のために、次から次へとおいしいものを作ってくれて、料理はどんどん進化していくでしょ。それと同じだと思います。

作るときは「楽しみながら」が大切です。そうするとだれが一番楽しいかというと、食べる人が一番楽しいと思います。文句を言いながらごはんを作ると、食べる人はなんにもありがたくないし、うれしい気持ちになれません。

たとえば、子どもがいたら「今日のごはんなあに?」と聞かれることがあるでしょう。台所から「○○○作ってるよ〜」と答えると、子どもが「わーうれしい」と待っている。そういう状況はお互いがとても幸せです。私たちの福寿荘も、そんな温かい場所であり続けたいと思っています。

料理の味つけは、普通どおりでOKです。特に薄味にする必要はありません。高齢になるとだんだん味覚が鈍くなるので、薄味だと食べにくい場合もあります。作る人が味見をして「ちょうどいい。おいしい」と感じる味が一番ですよ。

RECIPE

カレージャーマン

あるとき冷蔵庫にベーコンがたくさんあって、どうしようか考えました。ジャーマンポテトでも作ろうか。でも、じゃがいもの皮をむいて、ゆでて炒めるのは面倒。いもが硬くて食べられないのはイヤだし。そこでひらめいたのが冷凍フライドポテトです。

味つけはカレー風味にしました。ビールのおつまみにも最適。

[材料]（2～3人分）

- 冷凍フライドポテト…… 200g
- ベーコン ……………… 適量
- 水 …………………… 100cc
- コンソメキューブ ……… 1個
- カレー粉 ………… 小さじ1

[作り方]

①ベーコンは細切りにして鍋に入れ、軽く炒める。

②水とコンソメを加えて煮立て、フライドポテトを入れ、フタをして中火で加熱する。

③ポテトに火が通ったらフタを取り、水気がなくなるまで煮て火を止め、カレー粉をまぶす。

RECIPE

おからのビーンズサラダ

おからにミックスビーンズを加えた豆の栄養満点のサラダです。おからは牛乳やオリーブオイルなどを混ぜてしっとりさせると食べやすく、いろいろな料理に重宝しますので、ぜひ取り入れてみてください。食物繊維が豊富なので、腸の働きも活発になります。

[材料]（2 人分）

- おから ………………… 80g
- 牛乳 ………………… 100cc
- オリーブオイル …… 大さじ 1
- ミックスビーンズ（冷凍）…80g
- きゅうり ……………… 1/2 本
- ちくわ …………………… 1 本
- （A）マヨネーズ、塩、こしょう……各適量

[作り方]

①ボウルにおからを入れ、牛乳とオリーブオイルを混ぜてなめらかにする。

②ミックスビーンズは熱を加えてやわらかくする。

③きゅうりはごく薄切りに、ちくわはみじん切りにする。

④①のボウルに水気を切った②と③を混ぜ、（A）で味をつける。

RECIPE

レンチン蒸し卵

レンジで加熱した卵はやわらかくフワフワで、だし巻き卵がうまく咀嚼できない人でも食べられます。

［材料］（2 人分）

- 卵 ……………………………2 個
- 牛乳 ………………… 大さじ 4
- 白だし …………… 小さじ 2
- マヨネーズ………………少々

［作り方］

①耐熱容器にすべての材料を入れて混ぜ、600 W の電子レンジで 1 ～ 2 分加熱し、一度取り出して混ぜる。

②再びレンジで 1 ～ 2 分加熱する。

かぶとベーコンのスープ煮

ベーコンの風味が食欲をそそります。コンソメをクリームシチューの素にしてもおいしい。

［材料］（2 人分）

- かぶ ………………………… 1 個
- ベーコン ……………………… 適量
- 水 ………………………… 2 カップ
- コンソメキューブ ……… 1/2 個
- 白だし ……………………… 適量
- 片栗粉 ……………………… 少々

［作り方］

①かぶは皮をむいてくし切り、ベーコンは食べやすく切る。

②鍋に水と①、コンソメキューブ、白だしを入れて 20 分ほど煮る。

③かぶがやわらかくなったら、水溶き片栗粉を加えてとろみをつける。

RECIPE

スペイン風オムレツ

卵は使いやすい食材ですが、いつも同じ卵焼きだと飽きてしまうので、いろいろな調理法を工夫しています。このオムレツは、じゃがいもが入っているのでボリュームもあり、具材を変えると和風にもなります。お好みのバリエーションをお楽しみください。

[材料]（4人分）

・じゃがいも ……………… 2個
・卵 ……………………… 4個
・ミックスベジタブル……… 40g
・（A）牛乳50cc、白だし、オリーブオイル、マヨネーズ 各大さじ1
・ケチャップ ……………… 少々
・焼き油

[作り方]

①じゃがいもは一口大に切って電子レンジで加熱し、やわらかくする。
②ボウルに卵、ミックスベジタブル、①、（A）を加えてよく混ぜる。
③熱したフライパンに油をひいて②を流し入れ、ふちが固まってきたら弱火にしてフタをして焼く。
④中央が固まる前に火を止めて余熱で仕上げ、まな板の上に裏返して切り分ける。

※和風にするときは、玉ねぎのみじん切り1/2個分、とろろ昆布2つかみ、しらす適量を混ぜる。

RECIPE

かぼちゃのあんかけ

北海道はかぼちゃの産地ですから、秋の立派なかぼちゃが出てくるとたくさん食べたくなります。ところが、煮物でそのまま出すと、嚥下障害が出始めた人にとっては、口の中でモソモソとして食べにくいもの。煮汁に片栗粉でとろみをつけると飲み込みやすくなります。

[材料]（4人分）

・かぼちゃ……………… 1/4 個
・しめじ…………………… 適量
・水 ………………… 1カップ
・(A) めんつゆ、砂糖　各適量
・片栗粉 ………………… 適量

[作り方]

①かぼちゃは食べやすい大きさに切る。しめじは小房に分ける。
②鍋にかぼちゃと水を入れて、やわらかく煮る。
③②にしめじと (A) を入れて火にかけ、しめじに火が通ったら水溶き片栗粉を加える。

調理の工夫
⑥箸休め

漬物の代わりに心休まるもう一品

私たちがごはんを食べるとき、最後にちょっと漬物があるといいなと思います。日本人は、その一口でどんなに心が休まることか。

でも「やわらかさん」の人は、歯ごたえのある漬物が食べられません。そこで福寿荘では、漬物の代わりに、ほんの一口でも箸休めになるような副菜を用意しています。

副菜は、口がさっぱりする酢の物やあえ物、食事のアクセントになる味つけなどがいいですね。野菜は彩りもきれいなので、食卓が華やかになります。

RECIPE

アボカドのマヨネーズあえ

栄養価の高いアボカドは、脂肪分もたっぷりで飲み込みやすい食材です。福寿荘では冷凍品を常備しています。はんぺん、トマトと合わせると、見た目・食べやすさ・栄養の三拍子そろった副菜になります。

[材料]（2人分）

- アボカド …………… 1/2個
- はんぺん …………… 1/2枚
- トマト …………… 1/2個
- （A）めんつゆ、マヨネーズ …………… 各適量

[作り方]

①皮をむいたアボカド、はんぺん、トマトをさいの目に切る。

②ボウルに①と（A）を入れてあえる。

RECIPE

はんぺんとブロッコリーのわさびあえ

はんぺんはタンパク質が豊富で食べやすいので、いろいろ工夫して調理します。わさびを辛子に代えてもいいですし、ドレッシングであえても。

[材料]（2人分）

・はんぺん ……………… 1枚

・ブロッコリー …………… 適量

・（A）めんつゆ、ごま油、わさび、白だし…各少々

[作り方]

①はんぺんは一口大に切り、ブロッコリーはゆでてみじん切りにする。

②ボウルに（A）を合わせ、①を加えてあえる。

ズッキーニのバター炒め

ズッキーニは、皮をむいて炒めるとやわらかく食べやすくなります。カレー風味にすると食欲がわきます。

[材料]（2人分）

・ズッキーニ ……………… 80g

・バター ………………… 適量

・（A）塩、こしょう、カレー粉…各少々

[作り方]

①ズッキーニは皮をむいて食べやすい大きさに切る。

②フライパンにバターを溶かしてズッキーニを炒め、（A）で味を調える。

RECIPE

サラダ漬物

サラダのような漬物のような、ハムやカニかまを入れた色鮮やかな一品。スライサーで野菜を切ると短時間で味が染みやすく、作ってすぐでも、作りおきして時間がたってもおいしく食べられます。

[材料]（作りやすい分量）

- 大根 …………… 5cmくらい
- ハム …………………… 4枚
- カニかまぼこ …………… 4本
- きゅうり ………………… 1本
- 合わせ酢 ……………… 適量

[作り方]

①大根ときゅうりはスライサーで細く切る。

②ハムは細切りにし、カニかまぼこは細くさく。

③すべての材料を合わせてビニール袋などに入れ、冷蔵庫で味をなじませる。

RECIPE

大根の甘酢漬け

大根を薄切りにして湯通しすると、格段に食べやすくなります。オレンジの代わりにレモンやゆずでも。柑橘の風味がさわやかで、食欲のないときも箸が進みます。

［材料］（2 人分）

・大根 ……………………… 3cm くらい
・オレンジの皮のせん切り ……… 少々
・（A）すし酢、オレンジの果汁…各適量
・塩 ……………………………… 少々

［作り方］

①大根は薄くいちょう切りにし、さっと熱湯にくぐらせる。

②ボウルに（A）と、お好みで塩を加え、大根とオレンジの皮を加えて混ぜる。

おろしきゅうりと大根のあえもの

酢の物や漬物が食べられない人に何かできないかな、と考えてひらめいた一品。手軽にできて後味もさわやかです。

［材料］（2 人分）

・きゅうり ………………… 2 本
・大根 …………… 3cm くらい
・合わせ酢 ……………… 適量

［作り方］

①きゅうりと大根はすりおろして混ぜ、合わせ酢をかける。

※大根の水気は切らないほうが、みずみずしくておいしい。

失敗させないケアをモットーに——福寿荘の流儀

北海道新聞の連載中、たくさんの相談電話をいただきました。

「デイサービスの日、なかなか起きず、食事も進まず、迎えの時間までに着替えて準備させるために、いつもけんかになって……」

レビー小体型認知症の夫を介護している女性からの相談でした。寝過ぎても起きられない「過眠」は、レビーの特徴です。

私は「無理にせかさないで。起きたときが朝だと思えばいいじゃないですか。迎えに間に合わなければ、後から送っていくという手もありますから」とアドバイスしました。女性は「そんなふうに考えたこともありませんでした」と驚いた様子でした。

「どうして食べない」「なんで契約したのに行こうとしない」「時間通り生活できないと困る」「私がやらなければならない」「人に頼ったら恥」「私が頑張ればもう少しできる」……。こんなふうに思い詰めていませんか？

家族のみなさんには、「思い通りにならなくてもいいじゃないですか」と言ってあげたい。「気を楽に持って」と。そうしないと介護破綻してしまいます。

そして何より認知症のことを正しく知っていただきたい。アルツハイマー型なら、もの忘れはしょうがないこと。できなくなったことも笑って受け止められればいいですよね。認知症の人と一緒に暮らしていても楽しく、心にゆとりを持って暮らすことです。

トイレットペーパーが冷蔵庫に入っていたら笑いましょう。テレビのリモコンが見当たらなかったら、冷蔵庫の中を見ましょう。

連載で紹介してきた最期まで食べられる工夫を凝らしたレシピには、実際に作って教えてほしいという研修会の要請がいくつもありました。参加者から「自分の施設に戻って作ってみたら、入居者が『おいしい』と言っ

70歳を超えてなお介護現場の先頭に立つ武田純子さん。お年寄りに向ける目線は限りなく優しい

て食べてくれた」と、連絡がありました。

室蘭で脳性まひの娘さんと暮らすお母さんも、料理を試し、食事の際の座位も取り入れてくれていると聞きました。高齢者向けに考えてきたつもりですが、思いがけない取り組みの輪の広がりを実感し、うれしくなりました。

「介護職の仕事は大変だ」と、よく言われます。でも、大変にしているのは介護職の方なんです。失禁してからオムツを替えるのではなく、その前にトイレ誘導するなど、「後始末」ではなく「失敗させないケア」に取り組めば、なんにも大変ではありません。

入居者と一緒に笑って暮らせる介護の仕事が、私は大好きです。そんな思いに共感してくれる介護職員と一緒に、お年寄りの穏やかな暮らしを支えていきます。

グループホーム福寿荘

所在地：札幌市白石区北郷5条9丁目8-33 ほか

電話・ファクス：011-879-5611
（問い合わせは平日9〜17時）

グループホーム（認知症対応型共同生活介護）とは、認知症の症状を持ち、病気や障害で生活に困難を抱えた高齢者が、専門スタッフの援助を受けながら少人数（1ユニット5〜9人）で共同生活を送る施設。入居者と職員は、食事の支度や掃除、洗濯などをともにし、自宅での生活に近い暮らしの実現を目指す。

介護保険上に位置付けられた「地域密着型」サービスで、認知症の診断を受けた要介護1以上の人で、自立して生活が送れる人が対象。利用できるのは、原則として所在する自治体の住民のみ。要支援1の人は利用できない。

福寿荘は札幌市白石区内にグループホーム3事業所と一つのデイサービス施設を持つ。

あとがき

新型コロナ禍の中、先頃オンラインで開催された日本認知症ケア学会北海道ブロック大会のテーマは「認知症ケアの探求～皆、達人になるために」でした。大会長を務めた旧知の吉田恵さん＝社会福祉法人「幸清会」（胆振管内洞爺湖町）＝から声をかけていただき、私も「取材で出会った達人たち～その共通点を探る」と題して講演、介護や認知症を取材し始めて17年間に出会った人たちのことを話しました。「達人をいかに養成するか」は今、介護業界でもキーワードになっているのです。

本書でも解説したフランス発の介護手法「ユマニチュード」を創設して40年になるイブ・ジネストさんが旭川医大を訪れた２０１９年、お目にかかってなんともいえない既視感に襲われました。人の気を逸らさない、実に魅力的な人物でした。

それは講演で使った映像で、ユマニチュードを取り入れた現場を見ても伝わってきました。看護師が３人がかりで介護しても言うことを聞かなかった高齢の入院患者が、イブさんに代わると、にこやかに対応して口腔ケアに応じました。「魔法のよう」と言うと、「誰もが学べ、実践できる具体的な技術なのです」と諭されました。

福寿荘で武田純子さんの様子を見ていると、雰囲気が似ているのです。その武田さんもユマニチュードを認めています。ユマニチュードについて、「そんなこと、とっくにやってるよ」と思っていた武田さん。しかし、研修でユマニチュードのＤＶＤを見せた途端、職員になかなか浸透してこなかった「手首をつかまない」ということが、職員の間から消え失せたことから考えを変えました。

日本では、「介護の達人」がいても、その技術はマニュアル化されていません。ユマニチュードは達人技を体系化し、世界に広めているところが違います。


本書は武田さんの編み出した達人技を体系化しています。三度三度のメニューまであり、至れり尽くせりです。しかもその料理は目で見ても美味しそうで、嚥下能力が落ちてきても食べられるよう工夫されています。

日本看護協会のヘルシー・ソサエティ賞など数々の受賞や公職で、認知症介護の先達として世に知られた武田さんが古希を過ぎ、ノウハウの集大成を世の中に提供した「遺言」とも位置づけられるのではないでしょうか。ご本人はまだまだ元気に現場に立ち続け、新たな手法も発見して遺言書はどんどん更新されそうですが（笑）。

真似すれば、本書を読んだあなたも一歩を踏み出せます。そして「認知症のお年寄りに穏やかな日々を送ってもらいたい」という底流にある思いを体得すれば、新たな「介護の達人」が誕生するはずです。

２０２１年３月

北海道新聞編集局くらし報道部長　石原　宏治

監修者略歴

武《たけ》田《だ》純《じゅん》子《こ》

1949年北海道・十勝生まれ。グループホーム福寿荘総合施設長。有限会社ライフアート会長。看護師、介護支援専門員。

釧路赤十字病院を振り出しに道内の病院で看護師として勤務。96年に日本看護協会の保健推進モデル事業を受託しグループホームを運営、2000年にグループホーム福寿荘を開設。15年には福寿荘を舞台にしたドキュメンタリー映画「ゆめのほとり」（伊勢真一監督）が公開された。日本認知症ケア学会、日本臨床倫理学会に所属。「北海道認知症グループホーム協会」顧問、「レビー小体型認知症サポートネットワーク札幌」代表、認知症介護指導者として活動している。

19年、日本看護協会のヘルシー・ソサエティ賞受賞。共著書に『認知症を堂々と生きる　終末期医療・介護の現場から』（中央公論新社）。

執筆　石原宏治（北海道新聞編集局くらし報道部／第1部）
石田美恵（フリーライター／第2部）

撮影　studioTHIRD（P49～51、55、58、59、63～68、72、74、75上）
國政　崇（北海道新聞編集局写真部／上記以外の料理写真）
小室泰規（同上／P77、カバーポートレート）

編集　假屋志郎＋横山百香（北海道新聞事業局出版センター）

達人が教える介護のコツ

2021年3月31日　初版第1刷発行
2021年7月15日　初版第3刷発行

編　者　北海道新聞社
監　修　武田純子
発行者　菅原　淳
発行所　北海道新聞社
〒060-8711　札幌市中央区大通西3丁目6
出版センター（編集）電話011-210-5742
（営業）電話011-210-5744

印刷所　中西印刷株式会社

乱丁・落丁本は出版センター（営業）にご連絡くださればお取り換えいたします。
ISBN978-4-86721-017-8